国家自然科学基金创新群体项目(71421061)资助

服务质量屋的改进与应用研究

An Improvement and Application on Service House of Quality

王砚羽　编著

北京邮电大学出版社
www.buptpress.com

内 容 简 介

作为经济转型升级的一个重要标志,我国已经进入以服务业为主导的经济发展阶段。随着服务型消费需求的全面快速增长,以服务型消费为主的新型消费正在成为拉动产业变革的主导力量。但不可忽视的是,新兴领域的服务投诉量快速攀升,服务质量管理成为制约服务业国际竞争力的重要因素。因此,对于服务质量的关注和评价,不应停留在已有的对制造业质量管理工具的简单应用上,而应该开发出具有服务业特点的服务质量管理工具。

质量屋是质量改进工作的有效分析工具之一,诞生于精益生产的源头——日本,是生产质量管理中重要的工具。本书将借鉴质量屋方法的思想,提出服务质量屋概念,基于服务业的特征,提出服务质量屋的三个改进方向:一是屋体相关系数矩阵采用结构方程系数,避免对专家经验的过度依赖;二是对质量屋的经济性维度进行扩展,考虑服务质量改进的经济性;三是针对质量屋维度转换的本质,提出三维协同质量屋,实现服务业与其他业态的协同发展。为提高方法的可操作性,作者还提供了对上述改进方案的案例分析,第一,选取了移动通信行业为例进行服务质量评价;第二,对军民技术协同进行效率评价;第三,对智慧服务与智能制造的技术协同效率进行评价。通过三个案例实践改进的服务质量屋。

本书的研究将为服务质量管理领域和质量屋研究领域提供新的研究机会,为在实践中提高服务质量提供切实有效的操作工具。

图书在版编目(CIP)数据

服务质量屋的改进与应用研究 / 王砚羽编著. -- 北京:北京邮电大学出版社,2018.9
ISBN 978-7-5635-5594-9

Ⅰ. ①服… Ⅱ. ①王… Ⅲ. ①服务质量—评价 Ⅳ. ①F719

中国版本图书馆 CIP 数据核字(2018)第 215942 号

书　　名:	服务质量屋的改进与应用研究
责任编辑:	姚　顺　陈德芳
出版发行:	北京邮电大学出版社
社　　址:	北京市海淀区西土城路 10 号(邮编:100876)
发 行 部:	电话:010-62282185　传真:010-62283578
E-mail:	publish@bupt.edu.cn
经　　销:	各地新华书店
印　　刷:	北京鑫丰华彩印有限公司
开　　本:	720 mm×1 000 mm　1/16
印　　张:	9.75
字　　数:	190 千字
版　　次:	2018 年 9 月第 1 版　2018 年 9 月第 1 次印刷

ISBN 978-7-5635-5594-9　　　　　　　　　　　　定　价:35.00 元

·如有印装质量问题,请与北京邮电大学出版社发行部联系·

前　言

质量屋是质量功能展开的核心单元,是质量改进工作的有效分析工具之一。将质量屋方法引入服务业中对服务质量进行改进和评价是质量屋理论一个新的研究方向,也为质量屋方法的进一步完善提供新的研究空间。但是从以往质量屋在服务业中的应用和改进研究来看,存在三个研究难点尚待突破:一是,传统的质量屋方法以制造业为研究背景,运作中较多依赖技术专家的经验性评价,这一特点难以适应以顾客需求为导向的服务质量改进;二是,传统质量屋体现的是顾客需求和技术属性关系的二维结构,对经济性维度往往通过技术指标参数设计间接加以考虑,而服务质量屋以顾客感知为决策基础,经济性难以通过二维结构体现;三是,质量屋方法的本质是体现维度之间的整合和协同,然而已有研究的焦点大多集中在质量屋某一具体结构的改进,而忽视了质量屋作为协同工具的进一步探索。本书借助上述三个研究机会,深入探讨传统质量屋的改进及其在服务业中的应用问题,为质量屋的改进提供新的研究思路,也为企业服务质量的提升提供更有操作意义的分析方法。

本书遵循"理论梳理——理论创新——案例应用"的思路阐述服务质量屋的改进与应用。总体结构包括以下三个部分:

第一部分为服务质量管理和质量屋的理论梳理篇,包括第 2 章和第 3 章。第 2 章对服务业的特点、服务质量的概念、服务质量的重要性、服务质量差距模型、服务质量的测量方法、服务质量的设计与改进、服务补偿等服务质量管理的核心知识点进行了论述,之后梳理了服务质量相关研究的国内外研究现状。第 3 章对质量屋与质量经济性的基本原理如质量功能展开的基本概念、质量功能展开的基本原理、质量功能展开的应用路径、质量屋的基本原理、质量屋的形式、质量屋的构造过程的核心知识要点进行了论述,并对质量功能展开和质量屋的已有研究和改进方向进行了文献梳理。同时还对质量经济性的相关研究如质量成本、质量收益和顾客价值进行了理论梳理。

第二部分为服务质量屋改进的理论创新篇,包括第 4 章和第 5 章。本书第 4 章首先搭建了服务质量屋改进的理论框架,提出了服务质量屋在服务质量改进中的积极作用和服务质量屋的改进方向。第 5 章承接第 4 章的内容,进一步细化了对服务质量屋改进的三个方面:一是屋体相关矩阵采用结构方程建模,避免了对专家经验的过度依赖和部分调研信息的浪费;二是引入经济性维度,构建基于质量经济性分析的服务质量屋扩展模型,用质量净收益作为改进项目的依据,并探讨了质量收益和质量成本的确定,使得质量改进方向的确定更加符合公司价值最大化和整体性目标;三是扩展三维质量屋,通过质量屋维度转换的运行本质,提出基于三维质量屋的协同效率模型。

第三部分为案例应用篇,包括第6章和第7章。为了提高改进的服务质量屋的可操作性,本书将通过具体例子实践改进的服务质量屋。第6章针对前两种方向的改进,以移动通信业服务质量评价为案例,对A运营商特定细分市场——高校移动通信市场构建了移动通信服务业质量屋,分析了所提出的改进的服务质量屋的有效性和经济性。第7章针对第三种方向的改进,选取了两个实例,一是从微观企业层面研究了军民融合的协同效率,明确了质量屋在企业不同业务部门的协同效率评价中的作用;二是从宏观产业层面研究了互联网技术时代的智能制造和智慧服务两种产业基于共性技术的协同效率,为产业协同和宏观技术外溢提供了方法论的支撑。

近年来我国大力实施创新驱动发展战略,以供给侧结构性改革为主线,推进产业结构转型升级。中国服务业增加值已连续5年增速超过第二产业,对经济增长的贡献率持续超过50%,服务业已成为我国经济发展的主动力。本书对传统质量管理工具——质量屋进行解构创新并结合服务业的特点进行改进,提出融合服务业特征的服务质量屋,一方面为服务质量的提高提供理性的决策工具,另一方面也是质量屋方法新的研究扩展。

本书的出版,要感谢国家自然科学基金创新群体项目(71421061)的资助,感谢国家自然科学基金青年项目(71802026)的支持,感谢南京航空航天大学经济管理学院张卓老师的宝贵意见,感谢清华大学谢伟教授的支持和鼓励,感谢北京邮电大学钟聪颖在第3章中的工作,感谢邹仁余在第4章资料搜集中的贡献。

本书参阅了大量的研究资料,尽管作者进行了细心的校对,但仍然难免出现标注不全或者遗漏标注的问题,希望读者批评指正。

王砚羽
2018年夏于北京邮电大学经管楼

目 录

注释表 ··· 1

缩略词 ··· 2

第1章 绪论 ··· 3
  1.1 问题的提出 ··· 3
  1.2 理论和实践贡献 ··· 4
    1.2.1 理论意义 ··· 4
    1.2.2 现实意义 ··· 5
  1.3 本书内容概述 ·· 6
  1.4 本书的研究方法和研究路径 ··· 8
    1.4.1 研究方法 ··· 8
    1.4.2 技术路线 ··· 8
  1.5 本书结构 ·· 10

第一部分 服务质量管理和质量屋的理论梳理篇

第2章 服务质量管理基本原理和研究现状 ·· 15
  2.1 服务质量管理 ·· 15
    2.1.1 服务业的特点 ·· 15
    2.1.2 服务质量的概念 ··· 16
    2.1.3 服务质量的重要性 ·· 18
    2.1.4 服务质量差距模型 ·· 18
    2.1.5 服务质量的测量方法 ··· 21
    2.1.6 服务质量的设计与改进 ·· 23
    2.1.7 服务补偿 ··· 25

2.2 服务质量相关研究的国内外综述 27
　　2.2.1 服务质量概念 27
　　2.2.2 服务质量测量模型 30
　　2.2.3 顾客满意度发展及模型 33
2.3 本章小结 35

第3章 质量屋与质量经济性的基本原理和研究现状 36

3.1 质量功能展开与质量屋的基本原理 36
　　3.1.1 质量功能展开的基本概念 37
　　3.1.2 质量功能展开的基本原理 38
　　3.1.3 质量功能展开的应用路径 39
　　3.1.4 质量屋的基本原理 43
　　3.1.5 质量屋的形式 44
　　3.1.6 质量屋的构造过程 45
3.2 质量屋的相关研究综述 47
　　3.2.1 质量屋已有研究现状 47
　　3.2.2 质量屋改进研究 49
3.3 质量经济性相关研究 51
　　3.3.1 质量成本 51
　　3.3.2 质量收益 53
　　3.3.3 顾客价值 54
3.4 本章小结 57

第二部分　服务质量屋改进的理论创新篇

第4章 服务质量屋改进的理论框架 61

4.1 服务质量屋在服务质量改进中的积极作用 61
4.2 服务质量屋的改进方向 62
　　4.2.1 服务质量屋屋体相关矩阵的改进分析 62
　　4.2.2 服务质量屋扩展经济性维度的改进分析 63
　　4.2.3 基于协同效率的三维服务质量屋的改进分析 63
4.3 本章小结 64

第5章 服务质量屋的改进模型 ································· 65

5.1 质量屋相关矩阵改进 ································· 65
5.1.1 结构方程系数改进相关矩阵的可行性分析 ················ 65
5.1.2 基于结构方程系数的相关矩阵建模 ····················· 67
5.1.3 模型估计 ··· 69

5.2 经济性维度的扩展 ··································· 70
5.2.1 引入经济性的意义 ·································· 70
5.2.2 质量经济性的模型 ·································· 72
5.2.3 质量经济性的作用机制 ······························ 77

5.3 基于结构方程系数的扩展服务质量屋的运行 ··············· 78

5.4 服务质量屋的建模步骤 ······························· 80
5.4.1 左墙——确定顾客需求和权重 ························· 80
5.4.2 天花板——确定服务属性 ···························· 81
5.4.3 屋体——确定相关矩阵 ······························ 81
5.4.4 地板——初定服务改进项 ···························· 82
5.4.5 平展面——评价质量经济性 ·························· 82

5.5 三维协同服务质量屋的扩展 ···························· 83
5.5.1 参数设计 ··· 83
5.5.2 三维质量屋建模 ··································· 84

5.6 本章小结 ··· 85

第三部分 案例应用篇

第6章 基于结构方程系数改进服务质量屋应用 ················· 89

6.1 案例分析总体框架 ··································· 89

6.2 移动通信服务质量 ··································· 90
6.2.1 消费者满意度和忠诚度 ······························ 90
6.2.2 服务提供和消费者行为之间的关系 ····················· 90
6.2.3 基于技术采纳模型的研究 ···························· 91

6.3 移动通信服务质量屋的构建 ···························· 91
6.3.1 数据调研 ··· 92
6.3.2 建立左墙——顾客需求提取及权重确定 ················· 93
6.3.3 建立天花板——移动通信服务质量指标的抽取 ··········· 98

6.3.4 构建屋体——校园移动通信顾客需求与服务属性相关矩阵……99
6.3.5 建立地板——服务属性初步改进方案……102
6.3.6 确立扩展面——基于经济性的服务质量改进方案的确定……104
6.4 服务质量改进策略选择……106
6.5 完整的移动通信业服务质量屋……106
6.6 改进的服务质量屋运行效果分析……109
6.7 本章小结……109

第7章 三维质量屋的协同效率研究实例……110
7.1 三维质量屋在军民品协同效率中的研究实例……110
    7.1.1 研究背景……110
    7.1.2 军民品协同问题实质的抽取……111
    7.1.3 基于三维质量屋的军民品协同效率分析……111
    7.1.4 实例……113
    7.1.5 结论……114
7.2 三维质量屋在智慧服务和智能制造协同效率中的研究实例……115
    7.2.1 研究背景……115
    7.2.2 智慧服务与智能制造协同问题实质的抽取……118
    7.2.3 基于三维服务质量屋的服务与制造协同效率分析……118
    7.2.4 实例……120
    7.2.5 结论……123

第8章 总结及展望……124
8.1 本书结论……124
    8.1.1 主要研究内容……124
    8.1.2 本书得到的结论……125
8.2 本书创新点……126
8.3 对未来研究的启示……127

附录1 大学生移动通信服务质量和服务属性满意度调查……128

附录2 服务属性重要度调查……131

附录3 案例部分数据调研的详细描述……133
    附录3.1 问卷的发放与回收……133
    附录3.2 调研的数据统计……134

参考文献……136

注 释 表

参数	参数含义	参数	参数含义
$a(z)$	经验积累学习效应	S	观察变量的样本方差协方差矩阵
B	η 的回归系数矩阵	W	其他未提及的影响因素的总和
$c_1(q)$	服务失败成本	X	外生观察变量向量即左墙顾客需求向量
$c_2(q)$	服务保证成本	x_{ip}	第 i 个顾客需求外生潜变量 ζ_i 的第 p 个外生测量变量
$C(q,z)$	服务质量成本函数	Y	内生观察变量向量,即天花板服务属性向量
$cy(cs)$	顾客忠诚函数	y_{jq}	第 j 个服务属性内生潜变量 η_i 的第 q 个内生测量变量
CS	本企业的服务满意度评价向量	$Z(t)$	服务经验的积累即交互学习效应
F	服务属性重要程度向量	ρ_{ip}	外生潜变量 ξ_i 与其所对应的外生测量变量 x_{ip} 之间的相关系数
g	所确定的服务改进项目数量	μ_{jq}	内生潜变量 η_j 与内生测量变量 y_{jq} 的相关系数
G_s	第 s 项服务待改进项目	ξ	外生潜在变量(隐变量)向量
P^0	本企业的服务表现顾客评价向量	η	内生潜在变量(隐变量)向量
P^1	对标企业服务表现顾客评价序列	Λ_x	x 在 ξ 上的因子载荷矩阵
P	服务价格水平	Λ_y	y 在 η 上的因子载荷矩阵
$m(cs)$	市场份额函数	δ,ε	测量误差向量
NRQ	质量净收益向量	Γ	ξ 的回归系数矩阵
q	质量水平	ζ	模型内未能解释的残差向量
RQ	质量收益	γ_{ij}	结构方程中外生潜变量与内生潜变量的关系
R_{ipjq}	屋体相关矩阵系数	Σ	观察变量的总体协方差矩阵

缩 略 词

缩略词	英文全称	中文
HOQ	House of Quality	质量屋
QFD	Quality Function Deployment	质量功能展开
PZB	Parasuraman，Zeithaml，Berry	
ES	Expectation service	顾客期望服务
PS	Perceive service	顾客感知服务
CSD	Customer Satisfaction Degree	顾客满意度
TAM	Technology Acceptance Model	技术采纳模型
SEM	Structural Equation Modeling	结构方程模型
LVM	Latent Variable Models	潜在变量模型
CL	Customer Loyalty	顾客忠诚度

第1章 绪　　论

1.1　问题的提出

质量屋(House of Quality,HOQ)是质量功能展开(Quality Function Deployment,QFD)的基础和核心工具,在质量评价和质量改进中发挥着重要的作用。传统的质量屋主要用于制造业产品设计阶段,其是从顾客需求和技术属性两个维度出发,做出质量改进的决策,从而形成满足顾客要求的产品质量。

从实践需求来看,第三次社会分工使中国成为了世界加工厂。中国制造业的崛起,一方面促进了经济的快速发展,另一方面也带来了高能耗、高污染和低效率等问题。因此转变经济发展方式,实现产业转型升级,走新型工业化道路成为当前中国经济发展的重要议题。2017年,我国服务业增加值为427032亿元,占GDP的比重为51.6%,超过第二产业11.1个百分点,成为我国第一大产业。服务业增加值比上年增长8.0%,高于全国GDP增长1.1个百分点,连续五年增速高于第二产业,继续领跑国民经济增长。随着供给侧结构性改革深入推进,服务业结构持续优化,服务业新动能不断孕育,新产业新经济蓬勃兴起,活力和实力不断增强。因此服务质量逐渐受到人们越来越多的关注。如何评价服务质量、识别服务质量改进机会成为理论研究者、服务提供商和顾客共同关注的重要议题。

从理论发展来看,质量管理方法起源于制造领域。因此,将传统的质量管理工具应用到新的服务领域需要对其在服务业中的适用性进行新的探索,寻找其与服务业的有效融合。已有的研究表明,质量屋的应用范围虽已从产品质量扩展到服务质量,但是这些研究主要是对以传统制造业为基础的方法的简单应用,对于服务业的特点以及质量屋在服务质量分析与改进中的有效性缺乏深入的分析。更为重要的是,服务业具有更强的顾客导向和参与的特征,这与制造业主要由制造商决定产品质量具有很大的差异。这就导致了将传统质量屋应用于服务业中需要对其进行再设计和再论证。

从质量屋的构成来看,有三个未来改进的机会:一是传统质量屋的相关矩阵采用专家经验打分，与服务业广泛基于顾客声音的特点不相吻合，因此将质量屋应用于服务业中需要以服务特征为依据，优化屋体相关矩阵，此为第一个研究机会；二是制造业质量屋主要从顾客需求和技术特性两个维度进行分析，而将质量经济性作为间接因素隐含于技术特性参数的确定过程中，而服务质量屋难以通过参数设计体现决策的经济性，因此经济性因素常常被决策忽略。这同日益激烈的市场竞争环境以及企业获取最大经济效益的基本目标不相符。因此，研究如何获得最佳的质量水平，以达到成本和收益的最佳配置，实现企业价值的最大化，此为研究服务质量屋改进的第二个研究机会；三是质量屋的本质属性是通过维度的转换将不同因素统筹放入一个研究问题中，这一本质特征适用于不同维度之间的协同研究。因此将二维质量屋扩展为三维质量屋，在质量功能展开基础上实现跨行业、跨领域的协同考虑，是服务质量屋改进的第三个研究机会。

基于上述分析，本书将以质量屋理论为研究重点，结合服务业的特点，对传统质量屋进行改进，提出适用于服务业的质量屋改进模型，一方面运用结构方程模型改进质量屋屋体相关矩阵；另一方面将经济性引入质量屋，建立经济服务质量屋；同时扩展质量屋的第三维度，引入维度融合和协同概念，建立三维协同质量屋。为了验证改进方法的可行性，本书以某移动通信运营商的某细分市场为例，实践基于结构方程改进的经济服务质量屋；以军民品协同，服务业与制造业的协同为例，实践三维协同质量屋。

1.2　理论和实践贡献

1.2.1　理论意义

本书的研究具有以下理论意义：

第一，本书以服务业为研究载体，对传统质量屋进行改进和应用，以适应服务业的应用需求，是质量功能展开和质量屋理论研究的重要尝试。传统质量屋起源于以精细化生产著称的日本企业实践，更多的是以生产要素为对象，对企业的产品质量进行管理和控制。例如，穆瑞和张家泰（2007）研究了质量屋技术在冰箱设计中的应用；邱华清和耿秀丽（2017）探讨了质量屋中产品功能需求重要度的确定方法。随着服务业的兴起和经济转型升级的压力，质量屋在服务业中的应用也成为了学者竞相研究的热门。例如，杨方燕和高东（2017）研究了质量屋对于旅游业中的应用；刘弟（2016）研究了质量屋在乳制品物流服务质量中的评价与控制；卞显红（2007）研究了质量功能展开在饭店质量管理中的应用模型；吕锋等（2009）探讨了质量功能展开在物流服务质量改进中的应用。但是起源于制造业领域的质量屋方法直接应用于服务业,其适用性需要着重加以考虑。服务业具有区别于制造业的众多特征,例如服务的无形性、消费者感知的抽象性、移情性等特征。因此从质量屋方法的原理上考虑融合服务业特点并对其进行改进,对于提高质量屋方法在服务业中的应用效率,扩展质量屋方法的应用边界具有重要的理论意义。

第二,通过将结构方程的联立方程组思想引入服务质量屋的改进,有利于减少已有的质量屋方法对专家经验的过度依赖。已有的质量屋运作过程中,屋体的相关矩阵大多是采用基于专家主观打分的相关系数矩阵(吴隽等,2010;杨晓燕,2007),因此对于专家经验的依赖性很大,对于专家的选择提出了很高的要求。本书将结构方程中的联立方程组思想引入质量屋模型替代已有的屋体相关矩阵,综合考虑了顾客需求维度之间的相关关系,避免了专家主观打分过程中出现的逻辑不一致情况,更加适用于服务业以顾客需求为导向的现代企业价值观,提高了质量屋方法决策的客观性和科学性。

第三,本书从两个方面将二维质量屋扩展为三维质量屋,一方面考虑了质量经济性对于服务质量改进的影响,另一方面从质量屋的本质出发扩展其对多维度的协同研究优势。将经济性维度作为一个独立的维度直接参与企业服务质量改进的决策,有利于企业从整体利益角度出发,提高质量改进的经济效益。将质量屋改进为具有维度协同优势的三维质量屋,考虑服务质量屋在多部门或多行业中交互作用,有利于延伸质量屋在结构上和理论上的优势,提升服务质量屋在决策中的科学性和综合性。

1.2.2 现实意义

当前服务业已成为转型升级和结构调整的必经领域,占据国民经济的半壁江山。随着互联网技术的兴起,服务业态呈现出智能化、需求的个性化、移动互联网化的特征。基于这种移动终端的消费需求,将决定消费市场的集成,并将成为消费的主流方式。众所周知,服务业的发展需要服务质量的保证,而服务质量的提升又离不开科学的评价和分析方法。本书所探讨的面向服务质量评价的服务质量屋的改进对提升企业服务质量有重要的现实意义。

一是本书所探讨的改进的质量屋方法对于服务质量评价和改进具有普遍的指导意义。它能够使服务提供者明确自己在市场中的竞争地位和顾客满意情况,及时发现并改进服务质量,避免 $100-1<0$ 的情况。并在改进服务质量的同时以公司的整体经济利益为目标,实现多方共赢。同时对于质量屋协同效率功能的延伸,有利于在服务质量评价中同时考虑本部门或本行业之外的影响因素,以提高决策的科学性和综合性。

二是本书将所改进的服务质量屋应用于移动通信服务质量评价、军民品协同效率评价、智慧服务与智能制造的协同效率评价研究中,尽管这些应用只是对方法的实践,但是对于管理者有效的操作该方法具有重要的指导意义;对于未来学者的进一步研究起到抛砖引玉的作用。

1.3　本书内容概述

本书将重点实现以下研究目标:

第一,将质量屋方法融合服务业特征,构建服务质量屋。

质量屋方法起源于精益生产的源头——日本,经过多年的发展,质量屋方法在制造业的应用已经趋于成熟,在服务业中的应用也有一定的研究成果。但是考虑到服务业有别于制造业的明显特征,简单地将适用于制造业的质量屋方法迁移至服务业存在方法适用性的风险。本书将立足于服务质量的改进,从服务业特征出发,构建适用于服务业的质量屋,并依据服务业的特点,对质量屋的结构进行改进。改进的方向包括三方面:一是屋体相关矩阵;二是经济性维度的增加;三是协同效率的考虑。

第二,将服务质量屋方法应用于服务质量实际案例中。

为了提高本书所构建的服务质量屋的可操作性,本书将改进的服务质量屋在实际案例背景下进行了详细的操作演示。服务质量屋改进的前两个方面采用移动通信服务质量的实例进行了演示;服务质量屋改进的第三个方面采用军民协同和智慧服务与智能制造协同的两个案例进行了演示。通过案例的演示,有利于提高方法的可操作性,并且对实践具有一定的指导作用。

本书的主要研究内容如下:

本书在对现有理论的文献研究基础上,结合服务业特点,对质量功能展开的核心工具——质量屋进行改进,以更加适用于服务业。其改进重点:用结构方程系数替代原有的屋体相关矩阵,以减少对专家经验的过度依赖,提高决策的科学性;在传统质量屋评价维度的基础上,引入经济性维度作为衡量改进服务质量方案的标准之一,分析经济性对服务质量改进决策的影响;通过质量屋维度转换本质属性的识别,提出三维质量屋在解决多维度协同上的优势,开发出三维协同质量屋。之后采用移动通信业、军民协同、智能制造与智慧服务协同为应用背景,实践改进的质量屋。

具体来说,为实现上述研究目标,本书将分三个层次八个章节逐步展开以下内容的研究:

(1) 理论基础。服务质量屋改进的研究是在相关理论文献综述的基础上进行的。这部分分为两个章节展开,本书的第二章主要介绍了服务质量管理的基本原理和研究现状。遵循的顺序是首先对服务质量管理的基本知识点进行回顾,包括服务业特点、服务质量的概念、服务质量的重要性、服务质量差距模型、服务质量的测量方法、服务质量的设计与改进、服务补偿。之后在基础知识的基础上梳理了目前服务质量相关的国内外研究,包括服务质量概念,服务质量测量模型,顾客满意度发展及模型。通过对文献的梳理,明确了服务质量研究的基本脉络,为服务质量屋的构建提供理论基础。本书的第三章主要关注本书的核心研究方法——质量屋和质量经济性的基本原理和研究现状。遵循的顺序依然是首先对质量功能展开与质量屋的基本原理所涉及的知识点进行归纳,包括质量功能展开的基本概念、质量功能展开的基本原理、质量功能展开的应用路径、质量屋的基本原理、质量屋的形式、质量屋的构造过程。之后本书对质量屋的已有研究现状尤其是已有对质量屋的改进研究进行了详细的梳理。最后本书梳理了质量经济性的相关研究,包括质量成本、质量收益和顾客价值。

(2)模型创新。本书在服务质量管理和质量屋的理论基础上提出了服务质量屋改进的理论框架以及改进模型。在本书的第四章提出了服务质量屋改进的理论框架,分析了服务质量屋在服务质量改进中的积极作用,并且结合服务业的特点,提出了原有的质量屋在服务业中应用的改进方向,包括三个方面:一是对屋体相关矩阵的改进需要;二是对经济性维度扩展的需要;三是对协同效果的评价需要。在此基础上,本书的第五章进一步提出了服务质量屋的改进模型。遵循第四章的改进顺序,本书设计了三个服务质量屋的改进方案:一是通过结构方程系数改进质量屋的屋体相关矩阵。这一改进符合服务业以顾客需求为导向的特点,又减少了对专家经验的过度依赖;二是将经济性作为独立的维度引入服务质量屋,将屋体二维平面结构扩展为三维立体结构,分析经济性在服务质量屋中的运行原理,并推导了质量收益和质量成本的影响因素,为服务企业科学决策和全面提升整体价值提供理论支撑。在这两个方面的改进之后,本书提出了整合这两方面改进的服务质量屋的建模步骤。三是对三维协同服务质量屋的扩展。这一改进与第二种改进同属于对第三维度的扩展改进,只不过扩展的侧重点不同。这部分的三维协同服务质量屋的扩展主要针对质量屋在考虑不同部门或行业的技术溢出或共有技术的协同效应时,对协同效率的评价。

(3)模型应用。为了提高改进的服务质量屋的可操作性,本书的第六章和第七章通过实例对改进的方法进行实践。其中,第六章以移动通信业为研究对象,实践服务质量屋的前两个改进方向。考虑到调研的可行性,本书只对某移动运营商的某一特定用户群就改进的方法进行实践。基础工作是进行数据调研和访谈。之后建立移动通信服务质量的概念模型,并结合 SERVQUAL 量表构建左墙移动通信服务质量的测评尺度,并以科学性体现顾客声音;定义天花板服务属性项目;构建结构方程模型,科学确定屋体相关矩阵;经过地下室的运行确定服务质量改进的初步方案;最后分析服务属性的质量收益和质量成本,得出改进服务质量的最终方案和建议,并分析改进后的服务质量屋的效果。第七章实践了第三个改进方向,列举了两个实际案例:一是军民品协同效率的研究;二是智慧服务与智能制造的协同效率研究。通过实践改进的质量屋,明确了质量屋在相关改进部分的操作方法,也对实际的案例情境具有一定的指导作用。

1.4 本书的研究方法和研究路径

1.4.1 研究方法

本书的研究采用以下研究方法:

(1) 文献研究法。本书的研究将基于大量的文献梳理。收集与梳理服务质量、质量功能展开与质量屋、质量经济性相关的文献,通过文献梳理掌握已有研究所处的阶段,并寻找出可供改进的方向和研究潜力。

(2) 调研法。本书所构建的三维服务质量屋符合服务业以顾客需求为导向的特点,因此运作过程中包含大量的调研,调研项目主要涉及面向顾客的问卷调研和座谈;面向企业技术服务人员的问卷调研和座谈;企业高管的高阶访谈;行业技术人员和专家的高阶访谈。

1.4.2 技术路线

本书的技术路线如图 1-1 所示。

本书的研究顺序:基本原理和研究现状、理论框架的构建、模型改进、模型应用。

首先基本原理和研究现状部分主要关注与服务质量屋及其改进涉及的三个相关理论:

(1) 服务质量管理,这是本书的主要研究载体;

(2) 质量功能展开与质量屋,这是本书的主要研究对象;

(3) 质量经济性,这是本书在模型改进中的重要理论。

在基本原理和研究现状基本明确之后,本书将设计服务质量屋改进的理论框架。首先探讨为什么要对服务质量屋进行改进,也就是明确服务质量屋在服务质量改进中的积极作用;之后确定改进的方向。本书将根据服务业的特征判断已有的质量屋在服务业实践中需要改进之处,并确定了三个改进方向:一是屋体相关矩阵;二是扩展面经济性维度;三是扩展三维的协同维度。

接下来基于上述三个改进方向进入模型改进阶段,相匹配地提出三种改进方

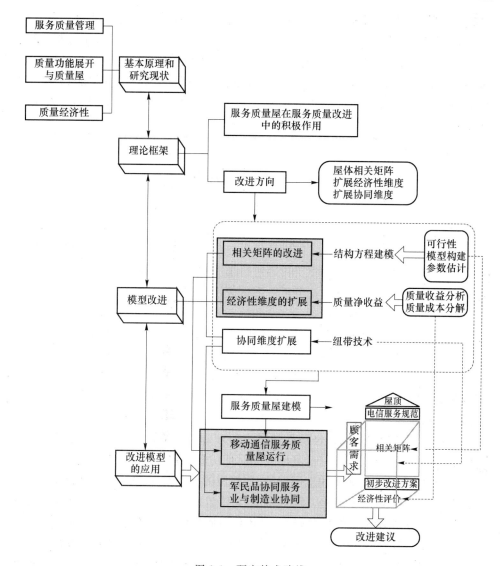

图 1-1 研究技术路线

法。第一是采用结构方程系数改进屋体相关系数矩阵;二是将质量经济性思想引入平展面,提高服务质量评价中的经济效率;三是通过技术纽带开发出考虑不同部门或行业的协同效率评价方法,以提高决策的科学性。

在改进模型的基础上,进行模型的实践操作。我们将第一种和第二种改进进行统一建模,第三种改进单独建模。实践中也可以将第一种改进与第三种改进进行统一建模,视研究目的而定。本书以移动通信服务为例提供了前两种改进的操作实例,构建了移动通信服务质量屋,实践过程中创造性地提出了移动通信服务概念模型,科学提取了顾客需求,完成了实践过程中的创新。经过改进服务质量屋的运行,得出移动通信服务质量改进的建议,并对改进方法的效果进行了分析,验证了方法的可行性和有效性。同时本书对于第三种改进方法的实践引入了两个案例,一是以企业层面的军民融合为背景,研究了改进质量屋对军民品协同效率的评价问题;二是以行业层面的智能制造和智慧服务为背景,研究了改进质量屋对服务业与制造业的协同效率的评价问题。

1.5 本书结构

本书的章节安排如下:

第一章为绪论,主要概述了问题的提出、理论和实践贡献、本书内容概述、研究方法和研究路径,并对各章的主要内容进行了梳理。

之后根据"理论梳理—理论分析—案例应用"的顺序将全书分为三个部分:

第一部分为理论梳理,包括第二章和第三章。

第二章是服务质量管理基本原理和研究现状,主要包括:(1)服务质量管理的基本原理,具体包括服务业的特点、服务质量的概念、服务质量的重要性、服务质量差距模型、服务质量的测量方法、服务质量的设计与改进、服务补偿;(2)服务质量管理相关研究的国内外研究综述,具体包括:服务质量概念、服务质量测量模型、顾客满意发展及模型。

第三章是质量屋和质量经济性的基本原理和研究现状。主要包括:(1)质量功能展开与质量屋的基本原理,具体包括质量功能展开的基本概念、质量功能展开的基本原理、质量功能展开的应用路径、质量屋的基本原理、质量屋的形式、质量屋的构造过程;(2)质量屋的相关研究综述,具体包括:质量屋已有研究现状、质量屋改进研究;(3)质量经济性相关研究,具体包括质量成本、质量收益、顾客价值。

第二部分为理论分析,是本书的理论创新核心章节,包括第四章和第五章。

第四章提出了服务质量屋改进的理论框架,首先分析了服务质量屋在服务质量改进中的积极作用,之后指出了服务质量屋改进的三个潜在方向:一是服务质量屋屋体相关矩阵的改进;二是服务质量屋扩展经济性维度的改进;三是基于协同效率的三维服务质量屋的改进。

第五章在第四章的基础上进一步落实了服务质量屋的改进模型。首先采用结构方程系数改进了质量屋的相关矩阵,分析了可行性并进行了模型构建和模型估计;之后引入经济性维度对质量屋的平展面进行扩展,并分析了质量经济性的作用机制;在这两种改进提出之后,将这两种改进作为一个整体模块,对服务质量屋进行了综合建模,梳理了建模步骤。接下来提出了第三种改进方向即三维协同服务质量屋,进行了参数设计和三维质量屋的建模。

第三部分为案例应用,包括第六章和第七章。

第六章针对第一个建模模块进行了实践操作。以移动通信业某一运营商A的某一特定细分市场作为数据来源,实践了改进的质量屋方法。首先从总体上交代了案例分析的总体框架,按照质量屋的建模顺序,运行移动通信服务三维质量屋。案例分析中,对顾客需求的提取是实践操作中又一项创新性工作,提出了移动通信服务青年客户细分市场的概念模型,科学提取顾客需求,在此基础上,顺利运行改进的服务质量屋,并针对运行结果提出了改进移动通信服务质量的建议。最后,探讨了改进方法的有效性问题。

第七章针对第二个建模模块即三维协同服务质量屋进行实践操作。引入了两个实践案例,一是军民品协同效率的计算;二是智能制造与智慧服务协同效率的计算。分别交代了研究背景,研究问题的实质,具体的协同效率分析和实例展示。

第八章系本书的总结与展望,总结了全书的研究成果和主要结论,提炼了本书的创新点,并对未来该领域的研究提出了自己的看法。

第一部分　服务质量管理和质量屋的理论梳理篇

第 2 章 服务质量管理基本原理和研究现状

2.1 服务质量管理

2.1.1 服务业的特点

服务业在三次产业和现代经济增长中占有举足轻重的地位,也是衡量一国或一个地区经济发展阶段的重要指标。目前我国正处于经济转型期,服务业尤其是现代服务业的发展受到广泛关注。服务业不同于制造业,服务产生的结果只能以服务过程的形式存在,并且顾客参与服务产生过程的程度要远远大于制造业。服务业的特点具体表现如下所述。

1. 瞬时性和无形性

服务是不能被预先生产并储存的,它发生在每一个服务的瞬间,通过服务人员的个性化、差异化的服务行为满足顾客的随机需求。由于服务产生的结果只能以过程的形式存在,因此服务不具有实体性,只能被感知而不具备实体产品的可接触性,由此决定了服务的复杂性和灵活性,其运作和管理难度要大于制造业。

2. 顾客参与和同时性

服务业中顾客作为服务的消费者参与生产过程,这时顾客是同时作为生产者和消费者的身份存在。生产与消费的同时性是服务业特有的特征,原因在于服务是一种直接产生效用的过程。服务过程是伴随顾客的消费过程同时进行的,并在服务传递中与顾客紧密接触,服务质量和顾客感知价值都在这一过程中产生。

3. 服务响应的即时性

对顾客需求的即时响应是服务质量的重要体现。一旦顾客提出服务要求,企业的服务人员需要迅速响应,为顾客提供其所需要的服务。例如,如果在一项服务中排队的时间稍长,顾客往往产生抱怨,甚至导致顾客流失。可见,服务需求的响应时间是服务质量的一个重要方面,企业对服务响应时间的控制和管理能间接地影响顾客满意度和顾客忠诚度。

4. 服务质量难以衡量性

服务质量受到诸多主观因素的影响,如顾客的个人偏好、服务提供时的心情、周围服务接受者的情绪和言语以及服务提供的差异化等。因此对服务质量的客观度量难度较大,一般地对于服务质量的测量主要以顾客感知和顾客期望之间的差距或顾客满意度为主,不确定性较高,具有一定的主观性。

从服务业的上述特点不难理解:(1) 服务质量是顾客感知的质量,服务质量因顾客的需求、偏好、心理状态和知识水平等因素因人、因时、因地而不同;(2) 服务生产于一种过程中,一方面取决于顾客,另一方面取决于员工的服务技能、心理状态、服务态度和努力程度。因此服务质量的改进和评价必须建立在顾客和企业员工的感知基础上,才能真正提高服务水平。

2.1.2 服务质量的概念

服务质量是指服务满足顾客一定需求的全部特征和性质。对服务企业而言,服务质量评估是在服务传递过程中形成的。每一次与顾客的接触,都是企业向顾客展示企业的服务质量的机会。对于顾客而言,顾客对服务质量的满意程度为:接受服务的实际感知与对服务的心理期望相比较。当实际感知与心理预期一致时,服务质量才能使顾客满意。

服务质量需从5个方面的要素定义:可靠性、响应性、保证性、移情性、有形性。顾客从以上5个方面将实际感知的服务质量与心理预期相比较,形成对服务质量的判断,如图2-1所示。

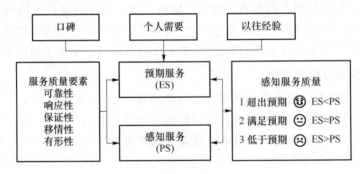

图 2-1 感知服务质量

注:ES(Expected Service)指顾客期望服务;PS(Percept Service)顾客感知服务。

(1) 可靠性。是指员工可靠、准确地执行所承诺的服务的能力。可靠的服务意味着企业按承诺行事,将服务以相同的方式、无差错地准时完成。它体现在服务提供的各个环节,如某些餐厅给予顾客"保证25分钟内上齐菜,否则免单"的承诺。

顾客更愿意与信誉度高的企业打交道,言行一致保证了企业的可靠性。

（2）响应性。是指员工根据顾客需要帮助顾客并提供快捷服务的自发性。响应性强调在满足顾客需求时,员工的响应速度和专注程度。其主要体现为两点,一是顾客为获得服务所等待的时间;二是企业在满足顾客需求时服务的柔性和能力。企业要从顾客的角度出发,审视服务传递和处理顾客需求的过程,建立积极有效的响应机制。

（3）保证性。是指员工为顾客提供服务所需具备和展现出的专业素养。当服务对顾客而言包含高风险,或者顾客自己没有能力评价服务产出时,服务的保证性非常重要,如金融服务、保险服务、医疗和法律服务等。

（4）移情性。是指员工能为顾客提供具体且个性化的服务。其目的是通过个性化的服务使顾客感到自己是唯一和特殊的。如企业员工清楚地记得顾客的名字和职位,在服务过程中称呼顾客的头衔、针对不同的顾客偏好调整提供服务的内容等都是移情的表现。

（5）有形性。是指企业中有形的设施、设备、人员外表等。有形性是顾客评价服务质量的重要依据。如保险业、零售业、餐饮业等以服务为重心的行业,非常强调服务的有形性在顾客评价服务质量中的重要作用。

表2-1所示的是四个服务行业的顾客对服务质量5个维度评价的解释实例。

表2-1　顾客对服务质量5个维度评价的实例

服务质量维度	航空运输行业	移动通信行业	医疗服务行业	咨询业
可靠性	航班按时刻表起飞和抵达目的地	提供稳定的移动信号,尤其是极端情况下	诊断准确,用药得当	按要求提供所需的服务
响应性	高效的售票系统,空运行李的处理	员工能够对顾客的咨询和投诉快速响应	可接受的候诊时间,医生能够提供有针对性的医疗解决方案	能够对顾客需求做出及时的响应和快速处理
保证性	员工的真实姓名,安全记录良好,员工合格	帮助顾客了解最合适的套餐	有良好的知识、技能、资质、证书和口碑	咨询人员有丰富的行业经验,良好的培训与资质
移情性	理解乘客的特殊需求,能够预测顾客的需要	提供顾客个性化的服务	人性化地对待病人,有耐心和良好的倾听能力	清楚地掌握顾客的业务,了解顾客需求
有形性	飞机、订票柜台、行李区、制服	移动基站、移动营业厅、员工着装、体验区	挂号室、候诊室、检验室、医疗器械和书面材料	咨询报告、办公区域及员工着装

2.1.3 服务质量的重要性

在服务业占比越来越大的现代社会,服务质量关系企业的生存与发展,高质量的服务能为企业带来如下收益。

(1) 较高的顾客忠诚度。优质的服务能提高顾客的满意度,高满意度能够导致顾客忠诚,顾客的忠诚是企业利润增长的源泉。

(2) 较高的市场份额。高质量的服务所形成的口碑效应,能为企业带来源源不断的顾客,同时忠诚顾客又能形成企业稳定的顾客群,使企业占据更大的市场。

(3) 有利于培育忠诚的员工。优质的外部服务,少不了依托于企业内部为员工提供的优质服务。内部的优质服务能够提高员工生产率,降低人员流失率,培育忠诚的员工。

(4) 减少因竞争导致的损失。高质量的服务能为企业形成差异壁垒,并以此维系顾客,避免因不必要的价格竞争导致的损失。

2.1.4 服务质量差距模型

服务质量管理的首要任务是控制顾客期望与顾客感知之间的差距。差距越大,顾客对企业的服务质量就越不满意。这种差距具体来自从服务设计到服务传递过程中的不同环节,包括认知差距、设计差距、传递差距、内部沟通差距、感知差距、解释差距、服务差距,如图 2-2 所示。

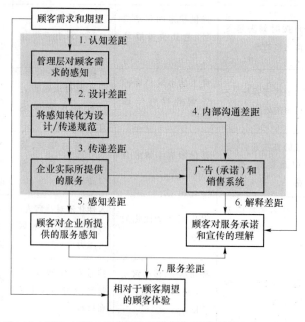

图 2-2 服务质量的差距模型

产生在服务设计到服务传递过程中的任何一个环节的差距都可能危及企业与顾客之间的关系和服务质量。因此,提高服务质量的最终目标是尽可能消除或减小这样的差距。企业要实现这一目标,需要分析每个差距产生的原因,并开发相应的策略弥合差距。

1. 认知差距

这是服务提供者对顾客期望与顾客实际需求、期望之间的差距。例如餐馆认为价格低廉顾客就会满意,而顾客还很看重饭菜的卫生状况、味道和服务情况。产生以上差距的原因有以下三点:

第一,对市场需求研究不到位。这源于三方面,首先是服务管理人员没有以市场为导向;其次是研究目标不准确,研究数据不充分;最后是没有将研究信息充分反馈和应用到实践中。

第二,信息沟通失真。是指企业管理层在与员工和其他非企业人员的信息沟通中存在失真现象。

第三,管理层复杂。由于前线人员与高层管理人员之间存在多个层级,造成信息传递低效且失真,使得企业对顾客需求做出的反应时间延迟。

弥合该差距的方法是了解顾客期望,包括:

(1) 通过市场调研、顾客抱怨分析、顾客清单等了解顾客的真实期望;
(2) 增加管理层与顾客直接沟通的机会;
(3) 减小一线人员与管理层之间的沟通层级;
(4) 将信息与创意转化为实际行动。

2. 设计差距

设计差距又称为质量标准差距,是指服务质量标准与管理者对质量期望的认识不一致。造成该差距的原因如下:

第一,管理高层对服务质量的重视程度不够。管理人员往往更注重生产力、成本的压缩和其他短期利益,而忽略开发服务质量要素的必要性。

第二,资源限制。有限的资源经常会限制服务供应商,无法按每个顾客的要求提供服务。

第三,任务不够标准化。将管理感知转化为服务规范,关键是服务工作的标准化程度。

弥合该服务差距的方法是建立恰当的服务质量标准。

① 确保高层管理者重视的服务质量与顾客定义的服务质量一致;
② 在所有工作单元建立、沟通和强化顾客导向的服务标准;
③ 设立明确、具有挑战性的、能满足顾客期望的服务质量目标;
④ 评价绩效并定期反馈,奖励达到目标的管理者和员工。

3. 传递差距

传递差距又称为一致性差距，是指特定的服务标准与服务提供者在实际执行这些标准之间的差距。这一差距是否存在主要取决于直接与顾客接触的一线服务人员是否能够按照服务标准来提供服务。对大多数企业而言，这是服务质量中存在的一个主要问题。造成该差距的原因如下。

第一，标准太复杂或苛刻。服务标准过于苛杂不仅容易造成理解上的偏差，还会使执行人员产生心理上的抗拒，导致服务质量与管理者预期严重不符。

第二，技术与岗位匹配性。由于企业为员工所配备的工具和技术不匹配导致传递差距。

第三，角色冲突。是指管理人员、监督人员、顾客等期望发生冲突或期望过高时，服务人员会感觉到的角色冲突，无法满足所有人的要求。

弥合该服务差距的方法是确保服务绩效达到标准，具体包括：

① 明确员工角色，确保所有员工理解其工作职责；

② 为员工提供技术培训和人际沟通培训，将有能力和具备服务技能的员工安排到合适的岗位上；

③ 让员工参与服务标准的制定，减少员工角色冲突。

4. 内部沟通差距

内部沟通差距是指营销沟通行为所做出的承诺与实际提供的服务不一致。造成该差距的原因如下：

第一，企业内部交流不畅。主要表现为广告策划人员缺乏与服务运营部门的沟通，导致广告宣传不切实际；其次是服务提供人员没有有意识地将服务效果与企业对外宣传效果保持一致。

第二，承诺过度。企业之所以承诺过度往往是由于竞争企业过度承诺，企业不得已而为之。弥合该服务差距的方法是恪守承诺，具体包括：

① 广告发布前，要与服务提供者先做好沟通和相关的培训工作。

② 市场沟通中的承诺要更加准确和符合实际。

5. 感知差距

感知差距是指企业实际提供的服务与顾客期望得到的服务之间的差距。在基于信任的服务中这种差距更明显，即使在服务结束后仍然难以判断其优劣。弥合该差距的方法是在服务过程中让顾客知情，并在服务结束后征询顾客的意见。

6. 解释差距

解释差距是指宣传的服务承诺与顾客认为可以享受到的承诺之间的差距。为弥补这一差距，企业必须提前检查所有的广告、宣传册、电话内容、网站内容、公众号内容，然后再公之于众。例如，广告代理商广泛采用预审方法，在内容公布前向一个顾客样本传递宣传内容，通过询问顾客对宣传材料的意见，如果发现他们对这些信息的理解与企业初衷不符，就更换版本或画面。

7. 服务差距

服务差距是顾客期望得到的服务与实际感知到的服务之间的差距，这一差距的产生是上述6种差距所导致的最终结果。

2.1.5 服务质量的测量方法

服务质量的测量属于软性测量，因为服务质量以顾客感知为导向，受到众多无形要素的影响，而这些具有感知特征的无形要素是难以测量的。

按照测量对象的不同，软性测量可以分为顾客测量和非顾客测量。顾客测量是指调查顾客对服务过程和结果的主观感受，主要有顾客抱怨分析、售后调查、顾客目标、顾客群体访谈、服务质量调查、服务反馈卡等方法。非顾客测量是指调查员工对公司优势和劣势的感受、员工的绩效，以及竞争对手如何实现服务（通过市场服务质量的总体调查）。其中的几种比较常用的方法如表2-2所示。

表2-2 软性测量的常用方法

方法	描述
企业服务质量调查	采用科学的抽样方法，形成调查问卷，通过电话、微信或邮寄的方式，在本企业广泛的顾客群中了解服务质量和顾客满意度的定量调查方法
目标顾客群体访谈	针对目标顾客群体，通过现场访谈和讨论来测量服务质量的方法。该方法通常由一名受过训练的协调人员引导8～12名顾客进行非正式讨论，协调人鼓励顾客表达观点并对群体中其他人所提出的建议进行评价。通过这种方式，企业可以获得比单个顾客访谈更多的信息
顾客抱怨分析	顾客抱怨分析有两个目的，一是识别出不满意的顾客，二是识别企业服务传递系统的不足，采取必要的措施加以纠正，以减少未来发生问题的可能性
售后调查	售后调查属于满意度调查的一类。许多公司往往等待顾客抱怨，然后根据抱怨采取行动。但是很多顾客不愿意抱怨，而是直接转向竞争对手乙方。因此等待顾客抱怨并不能为公司提供绩效。售后主动调查是一种更为积极主动的方法，能够较为准确地反映企业最近的绩效
市场总体服务质量调查	指对整个市场（包括本企业和竞争对手）总体的服务质量状况进行调查的一种方法。通过该调查，不仅能度量本企业的服务质量，还能评价竞争对手的服务质量。例如使用SEVRQUAL方法，公司可以通过与自己以及竞争对手的业绩比较来评价目前的业绩，并为服务企业提供服务传递系统中需要改进的信息

续 表

方法	描述
秘密购物	用来测量员工的服务行为。做法是让一名受过训练的人装扮成顾客,并事先不加声明地在公司购物。秘密购物者会根据一组特征(如员工与顾客打招呼所花的时间、目光交流、仪态、销售技术)来观察、评价某个员工的服务过程,所得到的结果可以向员工反馈并提出改进意见
员工调查	通过员工调查,可以对员工的品德、态度和其他所感受到的提供优质服务的障碍等进行内部服务质量评价。员工调查的一个重要目的是解释内部规章制度对提供优质服务造成的障碍,同时可以评价企业的内部服务质量
服务反馈卡	是指在向顾客提供服务后给顾客一张反馈卡,让顾客就服务效果进行反馈并提出意见的方法。例如美发或居住酒店之后,美发厅或酒店请顾客提出意见

资料来源:蔺雷,吴贵生.《服务管理》,清华大学出版社,2008年.

软性测量法将不同角度(顾客、员工和管理者)得到的测量指标结合在一起来评价企业总体绩效,克服了各指标测量的缺点。SERVQUAL 方法和步行穿越调查法是软性测量法中经常用到的两种方法。

1. SERVQUAL 测量方法

SERVQUAL 为英文"Service Quality"(服务质量)的缩写,最早由美国的三位学者在 1988 年提出,它是依据全面质量管理(Total Quality Management,TQM)理论在服务行业中提出的一种新的服务质量评价体系。其模型为

$$SERVQUAL 分数 = 实际感受分数 - 期望分数$$

SERVQUAL 的 5 个维度是有形性、可靠性、响应性、保证性和移情性。

SERVQUAL 模型具体内容由两部分构成:第一部分包含 22 个小项目,记录了顾客对特定服务行业中优秀公司的期望。第二部分也包括 22 个项目,它度量消费者对这一行业中特定公司(即被评价的公司)的感受。然后把这两部分中得到的结果进行比较就得到 5 个维度的每一个"差距分值"。差距越小,服务质量的评价就越高。消费者的感受力期望的距离越大,服务质量的评价就越低。因此 SERVQUAL 是包含 44 个项目的量表,它从 5 个服务质量维度来度量顾客的服务期望和服务感受。

2. 步行穿越调查法

步行穿越调查法(Walk-Through Audit,WTA)是从顾客的角度出发,通过评价顾客在整个服务过程中经历的各个环节来测评服务质量的方法。这种方法能够帮助管理者站在顾客的角度发现服务管理中忽视的问题和隐患。

步行穿越调查法的具体步骤如下：

(1) 绘制顾客消费流程图；

(2) 按照流程图，设计调查问卷；

(3) 由顾客拿着问卷，在消费过程中对每一个问题作出评判；

(4) 企业回收问卷，并对问卷进行统计分析，找出顾客满意与不满意之处并分析原因；

(5) 按照分析得出的结论，对企业实际情况进行纠正和改进。

2.1.6 服务质量的设计与改进

1. 服务质量的设计

质量既不能在产品检查中自动改变，也不能以某种方法加入。服务也一样，恰当的服务设计是控制或提高服务质量的重要方法。下面介绍5种通过设计提高或控制服务质量的办法。

(1) 服务包的整体质量设计法。服务包的整体质量设计是指在明确服务定位的基础上，对服务包4要素（支持性设施、辅助物品、显性服务、隐性服务）所进行的质量标准设计的方法。这一方法的关键是设计符合服务包定位的质量标准，若质量标准与定位不一致，就需要调整。例如，高档型酒店和经济型酒店的定位不同，其服务包要素的质量标准也有所差异。

(2) 田口式方法。田口式方法是以日本管理学会名誉会长田口教授的名字命名的，他倡导产品要"超强设计"，以保证在不利的条件下，产品具有适当的功能。其基本观点是：对一个顾客而言，产品质量最有力的证明是当它被滥用时的表现。

虽然任何一种设计都不可能使服务或者产品在任何情况下都不出现故障，但可以先做最坏的打算，还可以采取措施防治不力情形出现，或者在系统中加入后备服务和紧急程序。

(3) 差错预防法。差错预防法也称为Poka-Yoke法，是一种通过硬件、软件、程序和其他一些诀窍来预防和控制服务差错或缺陷，保证服务质量的方法。这与解锁密码的原理相似，设备只有在输入一连串正确的号码后才能开启。当出现差错时，差错预防法会发出警告并终止生产过程，直到操作者纠正差错，才可以继续工作。

差错预防法是一种更为强调预防的低成本方法，在服务业中的应用较为广泛。差错预防法分为针对服务提供者和针对顾客的两类预防手段。

(4) 质量功能展开。质量功能展开（Quality Function Deployment，QFD）是另一种提高服务质量的方法，它能将顾客的需求和偏好与服务设计结合起来，即质量屋,并将顾客满意度转化为可识别和可测量的产品,给服务设计方法提供了框架。

(5) 标杆管理。标杆管理法是由施乐公司(Xerox)于 20 世纪 70 年代提出的调查方法。它是指公司绩效质量的考核可以通过与行业内被认为是最好的公司的绩效进行比较而得到。

标杆管理经常要求企业跨越本身的领域,到领先企业去访问并学习它们的管理者如何实现一流的绩效和第一手资料。例如,电气公司的工作人员学习福特公司是如何优化采购流程和如何增强采购能力的。

2. 服务质量的改进

(1) 计划—试行—检查—实施(PDCA)环。质量管理是一个动态、循环的过程,需要在对现状进行监控的基础上不断加以改进,这就形成了 PDCA 环(如图 2-3 所示)。PDCA 环包括 4 大步骤:计划(Plan)、试行(Do)、检查(Check)和实施(Act)。

计划:确定需要改进的服务质量问题;找出产生问题的主要原因;设计解决问题的对策。

试行:质量改进的实施过程,先进行小范围的试验,随后大面积推广。

检查:收集有关试行效果的数据;进行前后对比,找出存在的问题;对计划方案或实施行为加以修正。

实施:对已得到处理的问题的服务流程、处理方法等进行标准化、制度化,对遗留问题进一步观察;评价改进后的整个流程和效果。

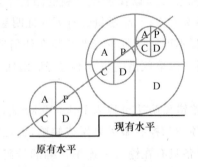

图 2-3 服务业的质量管理环

(2) 服务质量改进的工具。质量改进团队在 PDCA 过程中需要使用多种工具,这些工具可以协助数据分析并为决策制定提供决策基础。基本的质量改进工具有工艺流程图、直方图、鱼骨图、帕累托分析、控制图、散点图、趋势图、检查表、数据统计与分析,每种工具的用途各有侧重,如图 2-4 所示。

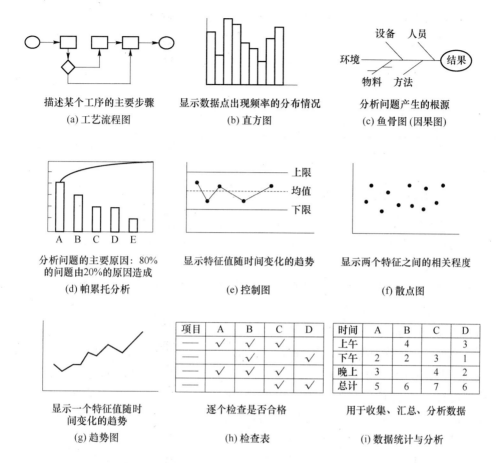

图 2-4 质量管理和改进的工具示意

2.1.7 服务补偿

1. 服务补偿框架

服务补偿包括 3 个阶段:补偿前阶段、补偿阶段和后续阶段。

(1) 补偿前阶段。该阶段关注顾客对服务补救的期望,包括提供服务承诺等。

(2) 补偿阶段。该阶段重在对一线员工在补偿方法上的训练、指导,使其能够对服务失误做出适当的响应。

(3) 后续阶段。该阶段通过后续服务补偿,保留顾客忠诚度并鼓励顾客再次光临。

2. 服务补偿方法

服务补偿有三种基本的方法:逐件处理法、系统响应法和早期干预法。

（1）逐件处理法。这是针对不同顾客的投诉,采用不同的处理方法。该方法易于执行且成本较低,但它也具有较强的随意性。例如,最固执和最好斗的投诉者通常会比通情达理的顾客得到更多的补偿,从而可能产生不公平。

（2）系统响应法。这是使用规定的程序处理顾客投诉的方法。该方法采用了识别关键失败点和优先选择适当补救标准这一计划性方法,并提供了一致和及时的响应,因此比逐件处理法更可靠。

（3）早期干预法。这是指试图在失误对顾客产生影响前进行干预和解决服务流程中问题的方法。

3. 服务补偿策略

服务补偿策略是各种策略结合在一起发挥作用的综合体。

（1）避免服务失误。避免服务失误,争取第一次把事情做对。"第一次做对"的核心是确保服务的可靠性。提升可靠性的方法主要包括两方面:第一,全面质量管理(TQM),它可以确保企业遵循必要的程序并按恰当的方式提供服务。第二,加强员工培训,形成"零缺陷"文化。在这种指导思想下,每个员工都会理解可靠性的重要性,并采取各种措施让每个顾客都满意。

（2）欢迎并鼓励抱怨。服务补偿策略的关键是欢迎并鼓励顾客抱怨,企业也应该预期、追踪和鼓励顾客抱怨。鼓励抱怨还包括教会顾客怎样抱怨、向谁抱怨、抱怨的过程、抱怨的内容等。互联网技术使抱怨变得简单,比如在电子商务网站上购买的产品不合心意,顾客可以直接找客服或者发表自己的评论,卖家一般都会做出积极的响应以维持较高的信誉度。

（3）快速行动。抱怨的顾客希望企业对自己的问题有快速的反应,这要求企业具有适合快速行动的系统、程序以及经过授权的员工。

（4）公平对待员工。企业在进行服务补偿时,必须公平对待每一位顾客,这是有效服务补偿必不可少的部分。顾客希望在结果公平、过程公平和互动公平等方面得到公平对待。

（5）从补偿经历中学习。服务补偿不仅是有缺陷的服务,同时也是企业获取服务改进信息的重要来源。通过追踪服务补偿过程,企业管理者能够发现服务传递系统中需要改进的系统性问题。

（6）从失去的顾客身上学习。在离开的顾客身上寻找企业有效服务补偿存在的问题,可以帮助企业更有效地从顾客的角度改善服务补偿系统。通过开展调研从已离开的、重要的顾客身上寻找答案,并对系统进行改进。

2.2 服务质量相关研究的国内外综述

2.2.1 服务质量概念

服务是服务营销学的基础,而服务质量则是服务营销的核心。从商业管理的角度来看,服务质量是对顾客服务所取得的结果或者成效。服务质量体现在每一个服务对象身上。顾客基于已有的服务经验、广告或者口碑形成对服务的期望。服务质量的发展历程如图 2-5 所示。

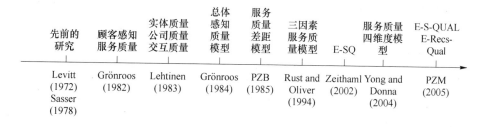

图 2-5 服务质量发展演进过程

芬兰学者 Grönroos(1982)最先将质量的概念引入服务领域。此前,Levitt 和 Sasser 也在文献中对服务质量有过相关的论述。Levitt(1972)将服务质量定义为服务结果满足人们所设定的原始标准;Sasser(1978)指出了服务不仅包括服务的结果也包括服务的方式这一思想。

Grönroos(1982)提出了顾客感知服务质量,将服务质量视为一个主观的范畴,取决于顾客期望与实际顾客感知的对比。他将服务质量进一步划分为技术质量和功能质量,并指出功能质量在整体顾客感知中的影响要大于技术质量。服务质量的含义用公式表示为

$$SQ = PS - ES \tag{2.1}$$

式中,SQ 为服务质量;PS 为顾客感知的服务水平;ES 为顾客期望的服务水平。

Lehtinen(1983)将服务质量划分为实体质量、相互作用质量和公司质量,这充分考虑了服务的高度参与性,并从服务过程和服务结果两个方面进行划分。

1984 年,Grönroos 又提出了总体感知质量模型(如图 2-6 所示),该模型认为总的服务质量包括服务期望和服务体验,而营销传播、销售、口碑、形象和公共关系等因素直接影响顾客的期望水平;另一方面顾客对服务的体验是由技术质量和功能质量通过形象产生的。

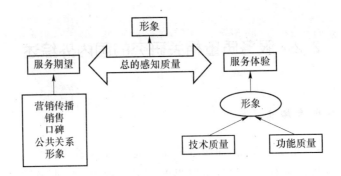

图 2-6 服务质量总体模型

PZB(A. Parasuraman, Zeithaml, Berry)(1985)提出了服务质量的差距模型和感知服务质量的构成要素(如图 2-7 和图 2-8 所示),形成了 PZB 的八大命题。

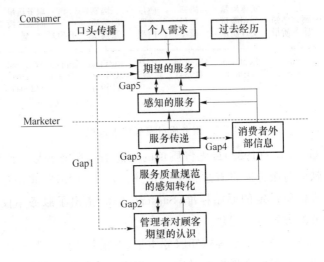

图 2-7 服务质量差距模型

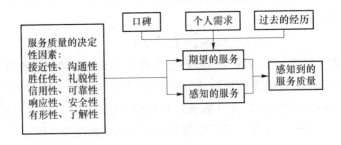

图 2-8 感知服务质量的构成

其中前5个命题为差距模型中的5个差距,即Gap1,顾客期望的服务与管理者对顾客期望服务的认识之间的差距;Gap2,管理者对顾客期望的认识与服务质量规范的感知转化之间的差距;Gap3,服务质量规范的感知转化与服务传递之间的差距;Gap4,服务传递与消费者接收的外部信息之间的差距;Gap5,顾客感知的服务与期望的服务之间的差距。

命题六为

$$GAP_5 = f(GAP_1, GAP_2, GAP_3, GAP_4)$$

即差距5是前4个差距的函数,由前4种差距决定。

命题七为消费者在评价服务质量时典型地依赖于经验特征。

命题八为通过对ES(期望服务)和PS(感知服务)的比较得出感知质量是否满意的结论。

Rust和Oliver(1994)提出了由三种因素构成的服务质量模型,分别是:服务产品、服务传递和服务环境。Parasuraman等学者(2000)又对传统的服务质量维度在网络时代的适用性提出了质疑。

Zeithaml等人(2002)提出了电子化服务质量概念模型,即e-SQ。包括9个维度:能否顺利进入、导航便捷、高效率、定制化/个性化、安全保护或隐私保护、定价、网页的整体外观、灵活性和可靠性。随后又提出四缺口理论:缺口一,信息缺口(顾客对网站的期望与管理方对顾客期望的理解和感知之间的缺口);缺口二,设计缺口(管理方对顾客期望的理解和感知与所设计的网站实现功能之间的缺口);缺口三,沟通缺口(网站的实际功能与其所传递给顾客的功能之间的缺口);缺口四,是前三个缺口的函数,代表了顾客感知与顾客期望之间的缺口。Parasuraman, Zeithaml和Malhotra(2005)在e-SQ的基础上建立了评价不同类型网站服务质量的多项目量表E-S-QUAL和电子化服务补救量表E-Recs-QUAL,使服务质量管理的概念随着社会的发展不断更新。

综上所述,服务质量概念经过不断发展和完善,人们的认识也随着服务产业在经济发展中地位的不断提升而更新。随着服务业从依托"工业化社会"到"后工业化社会"的转变,服务质量的概念也从单纯考虑服务结果向更多关注服务过程转移。一方面,服务质量作为顾客满意的前导因素,体现在顾客需求的方方面面;另一方面,服务质量概念的外延为顾客需求的提取提供了完备的理论维度。现代服务业在社会经济中的作用越来越重要,消费者在服务中参与的程度不断加深,服务的异质性和同时性决定了顾客感知和顾客期望之间的差距成为服务质量关注的重点。未来服务质量概念的演进将紧随服务业在社会经济中的地位和现代科技水平而发展,更加关注消费者个性、顾客消费过程质量,为第三产业的健康发展提供科学的理论依据。

2.2.2 服务质量测量模型

1. SERVQUAL 模

PZB 于 1988 年提出的 SERVQUAL 模型[16]是服务质量测量中应用最广也是影响最深远的模型,他们在大量的调研和分析计算的基础上提炼出了该模型,共 5 个维度 22 个问项,分别测试顾客对企业服务的期望和感知,并通过计算出两者差异来判断服务质量水平的高低。该模型的五大服务维度如表 2-3 所示。

表 2-3 服务质量的五维度

维度	内容
有形性	服务的设备和设施,工作人员的衣着面貌等
响应性	服务人员能够及时地自愿地为顾客提供快速的服务
可靠性	服务人员能够可靠地、准确地履行服务承诺的能力
保证性	服务人员的能力、知识、礼节以及传达的信任和自信的能力
移情性	企业能够设身处地地为顾客着想,给予同情的、特别的照顾和提供服务

随着实践的发展,对 SERVQUAL 模型的争议也越来越多,1991 年三位学者对该模型进行了修正(如表 2-4 所示),此次调研的有效率为 21%,低于 1988 年的 23%,但是调研的样本量达到 1800 份,部分弥补了有效率的不足。新问卷将原来问卷中负面性问项全部修改为正面性问句,提高了问卷的可信度。

表 2-4 修正后的 SERVQUAL 模型

服务质量维度	项目
有形性(tangibility)	(1) 有现代化的设备; (2) 实体设施具有吸引人的地方; (3) 员工有整洁的服装和外表; (4) 各项设施和所提供的服务相符合
响应性(responsiveness)	(5) 何时提供服务会准确告知顾客; (6) 可以从员工那里迅速得到服务; (7) 员工总是愿意帮助顾客; (8) 员工即使再忙碌也能立刻响应顾客需求
可靠性(reliability)	(9) 公司对承诺的事情会按时完成; (10) 有问题时,公司会设身处地为您着想; (11) 公司的服务可信赖; (12) 对于承诺要提供的服务都能及时完成; (13) 维持公司准确的记录

续表

服务质量维度	项目
保证性(assurance)	(14) 可以信任公司服务的员工； (15) 和服务人员接触有安全感； (16) 员工有礼貌； (17) 公司员工能够得到上司的支持并做好工作
移情性(empathy)	(18) 公司会针对个别顾客提供个别的考虑； (19) 公司员工能够提供个性化服务； (20) 员工能了解顾客的需求； (21) 公司将顾客的最佳利益放在心上； (22) 提供服务时间符合顾客需求

1994年三位学者又对SERVQUAL模型进行了深化，融入了扩大化的期望服务概念：理想服务和恰当服务，并对语句的长度进行了修改，提高了通俗性。通过PBZ近十年的研究，服务质量SERVQUAL模型的研究范式基本确定。当前，SERVQUAL模型被广泛应用于对服务质量的测量和评价以及以服务质量为外生变量的服务质量与消费者行为某些变量的关系研究，为提升企业的服务质量和顾客满意度，增强其服务竞争力做出了理论贡献。不少学者以SERVQUAL模型为基本方法研究不同领域的服务质量。如霍映宝（2008）基于SERVQUAL模型的5个维度，结合供电服务的特点增加了"电能稳定性维度"，建立了供电服务质量维度及评价指标体系，为研究服务质量与顾客满意的关系提供了思路。刘益等（2010）以SERVQUAL模型为工具，在对200个用户电话调查和76名用户小组访谈的基础上，构建了反映笔记本电脑服务质量的初始模型。随后，又通过对458份问卷调查结果的信度、效度及验证性因子分析，建立了笔记本电脑服务质量测量模型并对其进行了标准化。

尽管一些学者怀疑SERVQUAL模型在所有行业和服务类型中使用的有效性，但它依然是服务质量研究的基础。表2-5所示的是研究人员所提供的适合使用SERVQUAL模型的行业。

表2-5 SERVQUAL模型适用的行业

行业名称	已有研究
服装专卖店	Gagliano & Hathcote, 1994(97)
银行业	Zhou, et al., 2002, Ladhari, et al., 2011
餐饮业	Lee & Ulgado 1997
电力和天然气公用事业	Babakus & Boller, 1992
医疗和保健业	Carman 1990，Headley & Miller 1992, Lam & Woo 1997; 蔡中华, 等(2016)

续 表

行业名称	已有研究
科技服务和信息咨询业	Jiang et al.，2000；Pitt，Watson & Kavan 1995；贺可太，朱道云(2018)
图书馆服务业	Cook & Thompson 2000；邓君等(2018)
汽车运输业	Brensinger & Lambert 1990
连锁零售业	Parasuraman et al 1994
电信业	Van der Wal et al.，2002

资料来源：根据张熠天(2017)的研究整理。

2. SERVPERF 模型

SERVQUAL 模型的本质是基于差距理论，测度的是期望与现实感知的差距，因此在应用中不断受到质疑。张新安等(2005)认为，SERVQUAL 标尺在研究中出现了一些问题：①标尺的维度结构不稳定；②信度不高；③缺乏良好的收敛效度。而且 SERVQUAL 模型在应用中必须根据行业环境进行调整，因此对服务质量测量的方法的探讨一直是理论界的热点。

在对 SERVQUAL 模型有效性的争论中，Cronin 和 Taylor(1992)提出了单纯基于服务绩效来测量服务质量的模型——SERVPERF。该模型使用了 SERVQUAL 模型的原有维度和问项，将 44 个问题并为 22 个，只针对顾客的实际感知服务项目，不考虑期望服务水平。两位学者选取了银行、杀虫、干洗和快餐四个服务行业，对 SERVQUAL 模型和 SERVPERF 模型进行了对比，结果表明，SERVPERF 模型在四个行业中都有非常好的适用性，而 SERVQUAL 模型在后两个服务业中适用性不佳。SERVPERF 模型是现代企业进行服务质量管理中常用的对 SERVQUAL 模型进行简化的一种常用模型。实际应用中，李永利(2010)利用 SERVPERF 模型对我国旅行社服务质量进行了问卷设计及统计分析，之后进行了实证研究。

3. CP-OS 模型

CP-OS 模型最早由程龙生提出，他认为服务质量由顾客感知质量(CPQ)和组织支撑质量(OSQ)组成。前者代表顾客对服务质量的感知程度，后者代表服务组织在现有人员、设施、材料、方法和环境(人、机、料、环、法)等条件下固有的服务质量水平，是一种客观决定的质量，最终服务质量是两者的加权之和(程龙生，2011)。作者还提出了服务质量评价的通用指标体系，同时指出了特定行业指标的建构思路，如图 2-9 所示。

4. Non-Difference 模型

Non-Difference 模型也对 SERVQUAL 模型的测量方式提出了挑战。Brow，

第 2 章 服务质量管理基本原理和研究现状

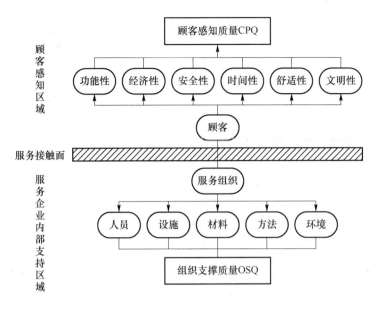

图 2-9 CP-OS 服务质量评价模型

Churchill 和 Peter[24](1993)认为同时询问"感知服务水平"和"期望服务水平"将产生第三个变量——差异分,这就增加了模型的复杂性。对此,三位学者提出了无差异分测评模型 Non-Difference 和相应量表,直接测量顾客感知服务和期望服务之间的差距。通过实证分析,这种方法也较 SERVQUAL 的适用性强。

总的来说,PZB 的 SERVQUAL 量表在服务质量测度领域是广为接受的理论范式,后来学者研究多是基于此线路的改进。实际应用中人们多数考虑到应用的简便性,因而直接测量差距或以顾客感知作为衡量服务质量的依据,并且很多研究如 Iwaarden 等(2003)、Bahia 等(2000)、Hochstein & Axel(2004)都证明 SERVQUAL 模型在运用到不同行业需要根据行业的特点进行问项的修改和添加,以达到问卷原有的测量效果。

2.2.3 顾客满意度发展及模型

1. 顾客满意度研究发展

顾客满意作为服务质量的结果,是研究服务质量必不可少的环节。1965 年,美国学者 Cardozo 首次将顾客满意的观点引入市场营销领域。之后市场营销领域的学者对顾客满意理论进行了详细的展开(Bearden & Teel,1983;Churchill & Surprenant,1982,Fornell,Johnson et al.,1996;Oliver,1980)。顾客满意是客户互动过程中产生的整体知足感(Harris & Ogbonna,2010),客户满意被定义为:顾客对构成产品或服务的多种属性性能的整体评价。

早期对顾客满意理论的研究主要关注质量、服务和满意度的关系。Cronin 等 (2000)总结了先前的研究表明,在以往研究中,研究人员所得出的结果是相互矛盾的,而且并没有人同时比较质量、服务和满意度三者共同对服务结果的影响。关于客户满意的知识主体是广泛的且其结构是重要的,与目前的研究相关最密切的是服务质量,它是客户满意的一个组成部分并对客户满意有一定的影响。整体来看,已有研究的观点更多地倾向于:以认知为导向的服务质量和价值评估,优于以客户满意为导向的服务质量和价值评估(Anderson,Fornell,Lehmann,1994;Anderson & Sullivan,1993;Cronin & Taylor,1992)。

顾客满意的量化指标是顾客满意度(Customer Satisfaction Degree,CSD),这一指标是质量管理领域的飞跃,使服务的质量有了可比较的衡量标准。研究表明,公司提高服务质量水平对于公司提高顾客对公司的整体感知满意度非常重要,并且有助于提高公司的业务水平(Anderson & Sullivan,1993;Al-hawari,2008)。Meng & Elliott(2009)指出"顾客满意通常被认为是顾客保留度和忠诚度的先决条件,并能提高盈利能力和市场份额"。已有研究学者发现,顾客满意可产生以下结果:行为意图(比如重复购买意愿)、负面口碑、抱怨和业务表现(Anderson,Fornell & Lehmann,1994;Anderson,Fornell & Rust,1997;Szymanski & Henard,2001)。Szymanski 和 Henard(2001)在一项顾客满意度的实证研究中发现,客户满意和重复购买、负面口碑、抱怨行为之间存在一个显著的关系。具体来讲,更加满意的客户往往重复购买,他们不太可能抱怨或传播负面口碑。

2. 顾客满意度模型

顾客满意度的一个通用模型是"期望—差距"模型,在这个模型中,顾客满意的结果源于消费者对期望和感知性能之间的比较(Oliver,et al.,1997;Solomon,2009)。顾客的期望基于以往的经验或者与其他消费者的沟通,这使他们对商品或服务的质量水平有一定的认知(Solomon,2009)。当感知的性能达不到消费者的期望时,就会产生不满意的结果;当感知性能超过消费者的期望时,就产生满意结果(Oliver,et al.,1997;Solomon,2009)。Oliver 等人(1997)认为,客户满意是满足的高层次,它对客户忠诚度至关重要。Wicks 和 Roethlein(2009)[49]提到"客户的满意是质量理念和质量管理工具的主要原则"。例如,Deming(1986)以客户当前和未来的需求来界定质量,并在他的管理模式中,描述了达到顾客满意的 7 种结构。Anderson 和 Sullivan(1993)在瑞典做了一个具有全国代表性的大型调查,包含 22300 名各种产品和服务的消费者,发现顾客满意是感知质量的函数,同时感知质量和预期之间存在"不一致"。此外,他们经研究还发现,感知质量低于预期对顾客满意产生的影响要大于感知质量高于预期产生的影响。

顾客满意度研究和发展演进情况如表 2-6 所示。

表 2-6 顾客满意度研究发展进程

时间和学者	理论或模型	内容简介
Parasuraman et al. (1985[11], 1988[16])	差距理论	服务质量＝顾客对服务的希望－顾客对服务的感知,提出了著名的 SERVQUAL 量表
Oliver(1981[28]), Churchill & Surprenant(1982[29]), Carman(1990[30])	多阶段模型	顾客对服务的评价由一系列相互联系的阶段组成。多阶段模型：$$SQ_i = \sum w_i \times P_i - E_i, CS = c(P, E, SQ)$$ 式中,SQ 为服务质量;E 为期望;P 为表现;通过 c 函数得到顾客满意度 CS
Teas(1993[31])	正常质量差距模型	$$NQ_i = |Q_i - Q_c|, NQ = \sum w_i \times (Q_i - Q_c)$$ 式中,Q_i 是消费者对属性 i 的质量感知;Q_c 是对最佳产品属性 c 的质量感知;NQ_i 是产品或服务的正常质量指标;NQ 为总的正常量
Boulding et al. (1993[32])	动态过程模型	$$OSQ_{it} = f(PS_{ijt}), BI_{imt} = f(OSQ_{it})$$ $$PS_{ijt} = f(WE_{ij(t-1)}, X_{it}, SE_{ij(t-1)}, Z_{it}, DS_{ijt})$$ 式中,BI 为顾客的行为意向;OSQ 为总体服务质量;PS 为质量感知;DS 为服务质量;X、Z 为两次服务之间的新信息
Oliver(1993[33]), Fornell(1996[34])	目前顾客满意度模型	扩展了传统的差距模型,在此基础上形成了： (1) 瑞典顾客满意度晴雨表指数(SCSB)； (2) 美国顾客满意度指数模型(ACSI)

2.3 本章小结

本章是理论回顾与梳理,详细梳理了本节后文中需涉及的服务质量管理的基本原理和研究现状。主要包括：(1)服务质量管理的基本原理,如服务业的特点、服务质量概念、服务质量重要性、服务质量差距模型、服务质量的测量方法、服务质量的设计与改进、服务补偿；(2)服务质量管理相关研究的国内外研究综述,具体包括：服务质量概念、服务质量测量模型、顾客满意发展及模型。

第3章 质量屋与质量经济性的基本原理和研究现状

3.1 质量功能展开与质量屋的基本原理

质量功能展开(Quality Function Deployment,QFD)是一种将顾客需求作为驱动力进行产品开发或功能改进的方法。由日本学者赤尾洋二教授等总结了1966年以来在各公司的合作研究成果之后,首先提出并使用了"质量展开"一词。三菱重工神户造船所在水野滋和布留川靖两位教授的指导下成功地将其应用于船舶设计与制造中。从20世纪70年代中期开始,QFD相继被其他日本公司所采用。丰田公司因为QFD的使用,于70年代取得了巨大的经济效益,新产品开发的启动成本下降了60%,产品开发周期也缩短了1/3,质量也得到了很大的改进。上述的成功典范带动了其他的日本公司也开始运用QFD方法。松下电器使之广泛推行,它不仅使顾客的需求得以了解,而且可以精确地预见顾客们在将来的要求。70年代日本的其他公司继续完善QFD方法并使之很好地被掌握。

1983年赤尾洋二等向美国质量管理协会(QSQC)会刊 Quality Progress 的投稿,以及在芝加哥举办的"全社质量管理与质量展开"培训班。该方法正式传入美国。福特公司于1985年在美国率先采用QFD方法。20世纪80年代早期,福特公司面临着竞争全球化、劳工和投资成本日益增加、产品生命周期缩短、顾客期望提高等严重问题,采用QFD方法使福特汽车公司的产品市场占有率得到改善。除了福特汽车公司之外,美国众多企业都曾采用该方法进行质量改进,如通用汽车公司、克莱斯勒公司、惠普公司等,在汽车、家用电器、船舶、变速箱、涡轮机、印刷电路板、自动购货系统、软件开发等方面都有成功应用QFD的报道。

QFD改变了传统的质量管理的思想,即从反应式的、被动的传统产品开发模式("设计—试验—调整")转换成一种预防式的、主动的现代产品开发模式。QFD将注意力不仅仅集中于问题的解决上,还集中于规划和问题的预防上。其基本思想是:通过一系列的质量小屋,将顾客的要求转换成质量特性,保证顾客的关键需求以及企业的核心技术可以系统地展开为产品的各功能部件、过程变量等质量特性,从而形成满足顾客要求的产品质量。经过几十年的发展,理论界形成了三种广为接受的质量功能展开模式(如表3-1所示)(李龙,刘敏,2005)。

表3-1 质量功能展开的三种模式

创立者	名称	模型简介
水野滋、赤尾洋二和田口	日本的综合QFD模式	通过质量展开把用户的要求映射到设计过程中,通过功能展开把不同功能部门综合到产品生产的各个阶段
L. P. Sullivan	美国供应商协会模式	四阶段模型:设计要求、零件特性、工艺特性和生产要求
Bob. King	GOAL/QPC模式	主要包括30个矩阵,通过这些矩阵全面反映产品开发过程的各方面信息

3.1.1 质量功能展开的基本概念

质量功能展开(QFD)是质量展开(Quality Deployment,QD)与狭义的质量功能展开(质量职能展开)的总称。

赤尾洋二将质量展开定义为:"将顾客的需求转换成代用质量特性,进而确定产品的设计质量(标准),再将这些设计质量系统地(关联地)展开到各个功能部件的质量、零件的质量或服务项目的质量上,以及制造工序各要素或服务过程各要素的相互关系上,使产品或服务事前就完成质量保证,符合顾客要求。"它是一种系统化的技术方法(赤尾洋二,1990)。

水野滋博士将狭义的质量功能展开(职能展开)定义为:"将形成质量保证的职能或业务,按照目的、手段系统地进行详细展开",通过企业管理职能的展开,实施质量保证活动,确保顾客的需求得到满足。它是一种体系化的管理方法。

TOC的提倡者A. V. Feigenbaum将质量系统定义为:"质量系统(Quality System)是按既定质量标准生产,以及为了交付产品所需的管理、程序的集合。"

另外,J. M. Juran将质量机能定义为:"形成质量的职能"。

质量展开与质量功能展开的概念如图3-1所示,它下侧的"规划""设计"等都可以表示为形成右侧箭头所指的质量的职能,那么Feigenbaum的上述质量系统就是指职能的明确化,也就是指对确保质量的组织、程序、过程进行体系化,即为满足组织内部管理的需要而设计的质量保证体系。

毋庸置疑,以企业管理职能为中心的质量职能展开是非常重要的,这也是ISO 9000国际标准受到各国重视的原因。但对于质量系统,不仅是组织程序的集合,明确质量本身的集合也非常重要,也就是说图3-1的上侧部分也很重要。因为产

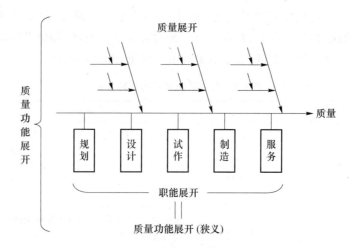

图 3-1 质量展开与质量功能展开的概念示意

品整体的质量保证是建立在产品各个零部件质量都得到保证的基础之上的。这里将图 3-1 的上侧部分称为"质量展开"。

3.1.2 质量功能展开的基本原理

质量功能展开的原理可以归纳为展开的原理、细分化与统合化的原理、多元化与可视化的原理、全体化与部分化的原理、变换的原理和面向重点的原理。

1. 展开的原理

质量功能展开中的展开形式由在各种展开表中可以见到的树状展开以及从用户需求到生产现场的全体性展开。前者是在质量需求展开表、质量要素展开表及功能展开表中,系统地展开成 1 次、2 次、3 次水平等,层次越低,抽象程度越高,并随着展开变得具体化。后者是从把握用户质量需求开始,向规划质量、设计质量、功能质量、零部件质量、生产工序管理点方向(上游向下游)展开。

2. 细分化与统合化的原理

全体的质量由各个质量要素构成。如果质量不进行细分化,其实际状态就不明确。但仅靠细分化,质量整体形象就不清楚。因此像 3 次、2 次、1 次水平一样进行统合化,并用展开表进行归纳,明确各质量要素的层次水平和权重合计等,就能具体确定整体质量水平。

3. 多元化与可视化的原理

QFD 由各种展开表构成,这些可以被视为"多元的"。以前的质量要素没有在企业高度进行体系化,而是依存于设计者个人的经验,缺乏客观性。通过"可视化"不仅使设计者可以进行相互交流,而且使经营者进行客观的质量决策也可以成为可能。

4. 全体化与部分化的原理

质量的集合是膨大的,通过将其展开为1次、2次、3次水平等,"全体化"和"部分化"就可以自由地进行。例如,到2次水平展开为止能把握整体的概要,利用计算机能将其中一部分进一步展开成3次、4次水平并平衡部分最佳与整体最佳之间的关系。

5. 变换的原理

能使膨大的质量集合得以展开的就是变换的原理。质量表是一种从顾客的世界向技术的世界变换,并进一步向子系统、零部件、生成和质量信息等不同侧面的变换的过程。在两种侧面的变换中,关系矩阵起着重要的作用。

6. 面向重点的原理

正因为展开变得庞大,面向重点的原理才显得非常重要。质量需求展开表注重网络性,重点事项并不明确,为此,通过了解顾客的关心度及比较本公司与其他公司,选定战略性重点项目。利用各种展开表将重要度向下游进行变换,也就是说,不是笼统地,而是将质量信息的重点经过膨大的质量体系,系统地向生产阶段传达。

3.1.3 质量功能展开的应用路径

纵观国内外质量功能展开的应用与实践,质量功能展开的应用途径可以归纳成以下几点:

1. QFD是一种顾客驱动的产品开发方法

质量功能展开是从质量保证的角度出发,通过一定的市场调查方法获取顾客需求,并采用矩阵图解法将对顾客需求的实现过程分解到产品开发的各个过程和各职能部门中去,通过协调各部门的工作以保证最终的产品质量,使设计和制造的产品能真正地满足顾客的需求。质量功能展开的整个开发过程是以满足市场顾客需求为出发点的,各阶段的质量屋输入和输出都由市场顾客的需求所直接驱动,以此保证最大限度地满足市场顾客需求。这是市场规律在工程实际中的灵活应用。

因此,质量功能展开最为显著的特点是,要求企业不断地倾听顾客的意见与明白顾客的需求,然后通过合适的方法和措施在开发的产品中体现这些需求,并用一种逻辑的体系去确定如何最好地通过可能的渠道实现这些需求,从而大大提高顾客对生产的产品的满意度。也就是说,质量功能展开是一种顾客驱动的产品开发方法。

2. QFD 是一种目标明确的工作协调方法

质量功能展开是在实现顾客需求的过程中,帮助产品开发各个职能部门制定出各自的相关技术要求和措施,并使各职能部门能协调地工作的方法。质量功能展开系统化过程的各阶段都是要将市场顾客需求转化为管理者和工程人员能明确理解的各种工程信息,减少或避免了产品从规划到产出各个环节的盲目性。它有目的地引导参与者,而不限制他们的创造性。

应用质量功能展开最大的好处是可把市场和用户对产品的要求,在产品设计时,通过质量策划转变成企业可实施的行动,并使这些行动有着非常明确的目的性,即保证产品完全满足用户的要求。这样,就会使"满足市场和用户的要求"成为企业每个部门、每个员工看得见、摸得着的具体活动。质量功能展开的实施与运行可以促进团队的发展、加强合作、动员团队成员共同思考和行动。它能帮助企业冲破部门间的壁垒,使公司上下成为团结协作的集体,因为开展质量功能展开绝不是质量部门、开发部门或制造部门某一个部门能够独立完成的,它需要集体的智慧和团队精神。因此,质量功能展开对企业的发展有着不可估量的作用。

3. QFD 是一种新产品开发的质量保证方法

质量功能展开是一种旨在开发设计阶段就对产品的适用性实施全过程、全方位质量保证的系统方法。更重要的是,它改变了传统的质量管理的思想,即从后期的反应式的质量控制向早期的预防式质量管理转变。

4. QFD 是一种有效的资源优化的方法

质量功能展开方法的基本思想是"需求什么"和"怎样满足",在这种对应形式下,市场顾客的需求不会被曲解,产品的质量功能不会有疏漏和冗余。这实质上是一种人力和财务资源的优化配置。

5. QFD 是一种先进的设计技术方法

质量功能展开技术是先进制造技术之一,在整个产品全方位的决策、管理、设计及制造等各阶段过程都能加以应用。从现代设计法的角度来看,质量功能展开技术在计算机技术和信息技术的支持下能有机地继承和延伸传统的设计技术方法,是传统的理论方法在一个新的层次上应用和发展,同时还可以与其他先进技术方法如虚拟设计、并行设计等相互嵌套结合应用,以解决各种各样的工程设计和制造问题。这种纵向的继承和横向的互补特点,是 QFD 技术能较灵活地应用于开发性设计、适应性设计及变形设计中。

6. QFD 是一种科学的现代管理方法

质量功能展开技术中的面向市场顾客需求的内容和方法亦可应用于现代管理技术中,使管理人员无论从决策阶段,还是从设计制造阶段,都能对产品的质量、性能、成本和寿命等方面有全局性的认识和把握,从而使管理更具科学性。

7. QFD 是一个强有力的竞争决策手段

企业的竞争归根结底是产品的竞争。以市场为导向制定经营发展战略、生产适销对路的产品等,是中国企业长期面临的亟待解决的问题。质量功能展开现已成为国外许多公司进行产品开发、取得竞争优势的一个强有力的工具。在当今激烈的市场竞争中,企业的质量、成本、时间等方面领先于对手才能取胜,如果企业缺乏将顾客需求与企业组织过程联系起来的一套有效机制,那么这个企业新产品的开发最终大部分会失败。而质量功能展开则正是在实现顾客期望的基础上进行系统化的产品设计和生产的一套严谨的科学方法,并提供深层次的产品评估。质量功能展开中通过对市场上同类产品的竞争性评估,有利于发现其他同类产品的优势和劣势,为公司的产品设计和决策提供更好的服务,可以大大提高产品的质量和竞争能力。另外,顾客的期望驱动着产品开发的全过程,大大降低开发新产品的失败风险,使得企业更具有竞争力。质量功能展开的根本目的是使产品以最快的速度、最低的成本和最优的质量占领市场。

8. QFD 是一个有效地降低成本的手段

从工程设计的角度来看,质量功能展开这种有目标有计划的产品开发生产模式会降低工程设计费用,缩短开发周期。由于其在产品设计阶段考虑制造问题,产品设计和工艺设计交叉并行进行,因此可使工程设计更改减少 40%~60%,产品开发周期缩短 30%~60%。质量功能展开更强调在产品早期概念设计阶段的有效规划,因此可使产品启动成本降低 20%~40%。

9. QFD 是一个实践全面质量管理的重要工具

质量功能展开的目的是从全面质量管理的视角出发,质量要素中包括理化特性、外观要素、机械要素、人的要素、时间要素、经济要素、生产要素和市场环境要素。QFD 将这些要素组合成一个有机的系统,并明确产品从设计开发到最终报废的全过程中各个步骤的质量功能,并使各质量功能得以切实完成。另外,在质量功能展开和其他质量保证方法的关系方面,质量功能展开能够有效地指导其他质量保证方法的应用。统计过程控制(SPC)、试验设计方法、故障模式和效应分析方法对于提高产品的质量都是极为重要的。质量功能展开有助于企业规划这些质量保证方法的有效应用,即把它们应用到对顾客来说最为重要的问题上。使用质量功能展开方法后,在产品开发过程何时和何处使用这些方法由顾客需求来决定。企业应该将质量功能展开作为它们全面质量管理的一个重要的规划工具。概括地说,质量功能展开是一个实践全面质量管理的重要工具,它用来引导其他质量工具或方法的有效使用。

10. QFD 是一个有效的技术创新的工具

一般认为,技术创新可以分为产品创新和工艺创新。产品创新和工艺创新本质上都是市场导向即为满足客服需要服务,而工艺必须为产品服务,因此产品创新必然与一定的工艺创新相联系,必然要引发工艺创新。这是按照这个逻辑,质量功能展开把顾客需要依次转化为产品特性、零部件要求、工艺要求和生产甚至服务要求,从而把产品创新和工艺创新之间的本质联系体现出来,完成技术创新的整体功能。质量功能展开中的质量展开是以一系列类似"房屋"的衍生矩阵来表达的图表,由于这一系列"质量屋"明确表明了每一个阶段的内容、目标,因此实际上起着企业技术创新路径图的作用。质量功能展开把创新活动的每一步有机地联系起来,实现从顾客需要到技术要求的正确转换,保证了企业技术创新的成功。产品创新和工艺创新应该是并行的、一体化的技术创新,质量功能展开是企业技术创新的有效工具。

11. QFD 是强有力的综合策划技术

QFD 尤其适用于大型产品(如飞机、汽车和大型设备)。质量功能展开是一个总体的概念,它提供了一种将顾客需求转化为对应于产品开发和生产的每一阶段(即市场战略、策划、产品设计与工程设计、原型设计、生产工艺开发、生产和销售)的适当的技术要求的途径。它从市场要求的情报出发,将其转化为设计语言,既而纵向经过部件、零件展开至工序展开;横向进行质量展开、技术展开、成本展开的可靠性展开。在形式上以大量的系统展开表和矩阵图为特征,尽量将生产中可能出现的问题提前揭示,以达到多元设计、多元改善和多元保证的目的。

12. QFD 是并行工程的支撑技术

并行工程(Concurrent Engineering,CE)是对产品及其相关过程(包括制造过程和支持过程)进行并行的集成设计的一种系统的工作模式。这种工作模式使产品开发人员从一开始就考虑到产品全生命周期中的所有因素,包括质量、成本、进度和用户需求。实现并行工程,需要建立适应并行工程的管理体制和支持并行工程的工作环境,并采用一整套支持并行工程的技术和方法。并行工程以正确定义顾客需求为起点,根据顾客需要形成产品的需求模型是并行工程的基础。质量功能展开是一种顾客驱动的产品开发方法,它提供了系统的、层次化的顾客需求分析手段,把顾客的声音(Voice of Customer,VOC)转变为顾客所需要的质量特征,是支持并行工程的重要技术和方法,为企业实施并行工程提供了有力的支持。

13. QFD 是质量工程的重要组成部分

从质量工程的角度出发,质量功能展开和其他这些质量保证方法构成了一个完整的质量工程的概念。质量功能展开、故障模式和效应分析、田口(TAGUCHI)方法属于设计质量工程的范畴,即产品设计阶段的质量保证方法;而统计质量控制

(SQC)、质量过程控制等属于制造质量工程的范畴,即制造过程的质量保证方法。另外,就设计质量工程而言,QFD 和 FMEA、TAGUCHI 方法也是互补的。QFD 的目的是使产品开发面向顾客需求,极大地满足顾客需求。而 FMEA 方法是在产品和过程开发阶段减小风险及提高可靠性的一种有效方法。也就是说,FMEA 方法保证产品可靠地满足顾客需求。TAGUCHI 方法采用统计方法设计实验,以帮助设计者找到一些可控因素的参数设定,这些设定可使产品的重要特性不管是否出现噪声干扰都始终十分接近理想值,从而最大限度地满足顾客需求。

3.1.4 质量屋的基本原理

质量功能展开(QFD)过程是通过一系列图表和矩阵来完成的,其中起重要作用的是质量表,也称质量屋。

质量屋"是将顾客要求的真正的质量,用语言表现,并进行体系化,同时表示他们与质量特性的关系,是为了把顾客需求变换为代用特性,进一步进行质量设计的表"(赤尾洋二,1990)。

由上述定义可知,质量屋如图 3-2 所示,它是由质量需求与质量特性构成的二维表。需求质量本来是客户方面的东西,由顾客提示,生产者把它们忠实地融入到产品中,这才是真正意义上的面向消费者。但仅根据顾客的语言难以构筑产品,而是需要将它们变换成质量特性。质量特性是生产者的语言,是技术领域中的东西。质量表的意义在于对不同的领域,用关系矩阵进行变换,即从顾客的世界转换成技术的世界。

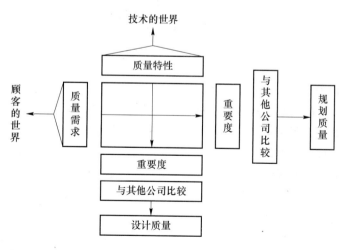

图 3-2 质量屋的构建思想

质量屋是建立质量功能展开系统的基础工具,是质量功能展开方法的精髓。

典型的质量屋构成的框架形式和分析求解方法不仅可以用于新产品的开发过程,而且可以灵活运用于工程实际的局部过程。例如,可以单独应用于产品的规划设计或生产工艺设计等过程。

3.1.5 质量屋的形式

作为质量功能展开原理的核心工具,质量屋是一种形象的平面展开图,利用矩阵展开,完成了从定义顾客需求到识别技术特征,最后在产品和服务中注入质量要素的过程。它通过一定的逻辑结构,将客户需求映射到技术特征的描述中。其基本要素如图 3-3 所示。

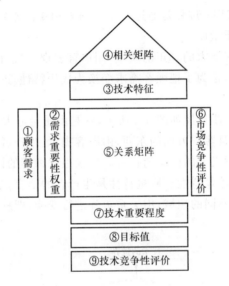

图 3-3 质量屋的基本要素

(1) 左墙(WHATS)。其表示顾客需求及其重要度,即顾客用自己的语言表达对产品或服务的要求。顾客需求的提取主要是通过各种市场调查方法和各种渠道收集原始的顾客需求信息,进行分类和整理,并用加权来表示顾客需求的相对重要性。当然这里的顾客既包括外部顾客,也包括内部顾客。

(2) 天花板(HOWS)。其表示产品技术特征,是生产者或服务提供者用以满足顾客需求的手段,是生产者或服务者的语言,由 QFD 小组根据产品或服务的特性总结出来的产品或服务的关键技术参数或服务属性。

(3) 屋顶。其为相关矩阵。表示产品或服务各项技术特征或服务属性的相互关系和相互影响。一般地,一个特性的改变往往能影响另一个特性,它们之间的关系为我们提出了寻找最优方案的问题。存在四种关系:强正相关、弱正相关、弱负相关、强负相关,分别用不同的符号表示。

（4）房间。其为关系矩阵。这是质量屋的核心矩阵，反映顾客需求和产品或服务的技术特性或服务属性之间的关系，由 QFD 小组打分获得，用一定的数字表示：由 9～1 相关性依次减弱，空格代表不相关。

（5）右墙。其为市场竞争性评价矩阵。该矩阵主要是产品或服务的主要竞争对手的竞争分析，通过顾客对于本企业及相关竞争对手的产品或服务的满意度评价来衡量，包括对于现有产品或服务所需的改进、寻找最佳卖点等。

（6）地板。其为技术重要程度和目标值。技术重要程度是技术参数对于满足顾客需求的相对重要性，能够通过左墙和相关矩阵进行计算，目标值是相关技术特性的标杆指标值，通常是专家经验的打分值。

（7）地下室。其为技术竞争性评价矩阵。它体现技术人员对于该指标的技术先进性和竞争性的评价。

上述质量屋是较为经典的范式。在企业的实际应用中，质量屋通常根据需要进行拆分，或进行适当的简化，只针对所要解决的问题，应用其核心结构或部分结构，较为灵活多变，又能够节约成本。这也是质量屋方法在实际中广为采用的另一个原因。

3.1.6 质量屋的构造过程

1. 质量需求展开

（1）顾客需求的获取。顾客需求的获取是质量功能展开过程中最为关键的一步。对象商品无论是既存在改良型还是全新开发型，都必须充分地把握市场顾客要求。将顾客关于商品的信息（要求），以文字形式进行的表述成为原始数据。而属性数据是指提出原始数据的顾客的特征（如年龄、性别等）。对于既存改良型产品，原始数据和属性数据是通过对顾客关于对象商品的要求，实施询问调查、面谈调查或通过收集来自顾客的投诉信息而得到的。对于全新开发型产品，因为直接从顾客获得需求比较困难，必须建立市场需求的数据库进行解析，或利用市场营销领域中的方法，来把握市场潜在的需要。

原始数据和属性数据可以通过询问调查、面谈调查等的客户市场的信息得到，也可以通过顾客投诉、意见卡、公司内信息、行业新闻等信息得到。但最重要的是要有把握顾客真正需求的态度。为了获得更准确的原始数据，工作人员平时就应该用心积累各种信息，关注对什么信息应该怎样积累等问题。另外，原始数据是否是顾客的原声，按照属性数据它是以怎样的途径发生的，这些情况的把握是获取顾客真正的需求的关键。很多情况下，来自营销人员的信息已经经过营销人员的大脑的变换，而公司内推测的顾客需求很难说百分之百地代表了用户的心声，因此，为了得到顾客的原始要求，必须进行市场调查。

(2) 质量需求变换。通过以上调查从顾客那里获得的原始数据,是顾客的原声,具有意见、投诉、评价、希望等各种各样的形式。其内容方面也是多样的,需求中有对质量的需求,也有对价格、功能的需求,而且许多需求项目的概念范畴也不相同。因此,在每次调查结束后,调查人员应及时对原始数据进行翻译、变换、整理。由于把原始数据直接变换成质量需求有一定的难度,所以,需要先从原始数据抽出需求项目,然后再将需求项目变换成质量需求。具体操作有以下四个步骤。

第一,考察原始数据。对原始数据,以 5W1H(Who、Where、When、Why、What、How)考察下列项目:

① 什么用户提及这个问题;

② 想象情景实例;

③ 功能需求项目。

第二,抽出需求项目。以原始数据为基础,抽出需求项目,它的实施要领如下:

① 否定形式的表现也可以;

② 不问其抽象程度;

③ 不拘于表现形式;

④ 想到的就行;

⑤ 不管什么都可以;

⑥ 用自己的语言写下即可。

第三,需求变换。从需求项目变换成质量需求。

第四,质量需求的表述。

2. 质量特性展开

将以顾客语言表达的质量需求转换成技术语言的质量特性,可以使抽象的顾客需求进行具体的产品化。质量特征是指成为质量评价对象的特性、性能,是关于顾客真正需求的代用特征。如果对象商品是硬件商品或比较成熟的专业技术,那么抽出的质量特性无论是量还是质一般都比较理想。但现实中有感性方面的特性,特别是对于服务这样的对象很难抽出可以计测的质量特性,为此,应为质量需求抽出质量要素。质量要素是指评价质量的尺度,当这种尺度可以计测时就称为质量特性。在抽出质量要素时,考察、测定需求质量是否满足的尺度是什么,在这个阶段,没有必要考虑构成产品的零部件的质量特性,只需要比较抽象的表现。

质量是评价商品是否满足使用目的的性质、性能的集合,商品的质量由质量特性构成。抽出质量特性就是将质量细分化成质量特性,分解成构成质量的性质、性能。质量要素是大概念,质量要素中能够计测的要素称为质量特性,即明确测定方法、计量方法,通过计测进行数值化,并明确单位的才是质量特性。

3. 质量屋的构造

由质量表的定义可知,质量表即质量屋,是将市场上抽象的语言信息变换成公司内部为了设计产品的具体的技术信息(质量特性)的一种表。它是由质量需求展开表与质量特性展开表相结合而构成的矩阵形状的二维表。质量屋(质量表)的名称也可以用于广义,及广义的质量屋(质量表)是为了传达顾客需求的全部图表的总称。这里以狭义的质量屋(质量表)为中心叙述质量屋的构造方法。

(1) 质量屋的构造步骤:
① 质量需求展开表的构作;
② 质量特性展开表的构作;
③ 将两者组合成二维表(矩阵);
④ 探讨对应关系,以◎、○、△符号计入。

(2) 记入对应关系时的注意事项:
① 对每一对进行独立评判;
② ◎、○、△符号的意思是◎为强相关,○为相关,△为弱相关;
③ 对于各项质量需求,至少有一个◎;
④ ◎不能集中于某一地方;
⑤ 没有过多地记入◎、○、△项目;
⑥ 不能仅在对角线上记入◎、○、△。

3.2 质量屋的相关研究综述

3.2.1 质量屋已有研究现状

质量屋通过日本流派和美国流派传入中国质量管理领域。日本流派以熊伟为主要代表,从 20 世纪 90 年代初开始,熊伟在《中国质量》《管理工程学报》《软件学报》等发表质量功能展开的研究成果,通过发表论文,出版书籍,邀请日本专家培训讲学,全面系统地介绍了质量功能展开的应用步骤和有关技法。美国流派以邵家俊为主要研究代表,利用在美国进行质量保证技术考察的机会,几乎与日本流派的引入同时展开。邵家俊老师翻译出版了《质量功能展开概论》,1995 年在成都飞机设计研究所工作时编写《质量功能展开指南》。后来他结合航空航天的工作实际进行 QFD 应用和研究,特别是将 QFD 技术应用于气动力数值计算软件 SSPM 程序的改造,大幅度减少了改造时间和经费,可靠性也得到了提升。

中国质量协会 2005 年召开中国 QFD 研讨会,2008 年举办了第十四届国际

QFD研讨会。质量功能展开在中国质量管理研究领域具有重要的影响。本书从中国知网上搜集了2004—2017年质量功能展开和质量屋的相关文献,进行了年度和数量的统计,结果如图3-4所示。

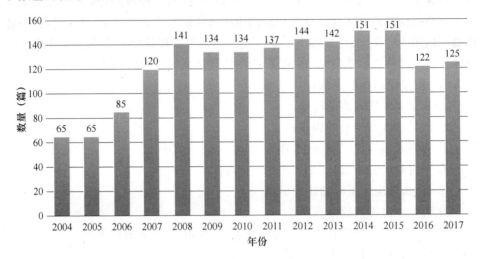

图3-4　质量功能展开和质量屋在中国研究的数量统计

而在已有的质量功能展开的研究中,大多数研究成果是对于产品质量的关注,而对于服务质量的研究成果相比来说少了很多,如图3-5和表3-2所示。

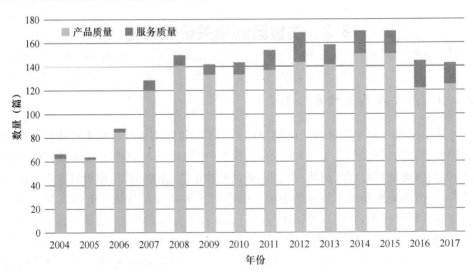

图3-5　质量功能展开在产品质量和服务质量研究中的数量对比

表3-2 质量功能展开和质量屋在产品和服务质量管理中的研究数量对比

年份	产品质量(篇)	服务质量(篇)	服务质量比重
2004	65	2	2.99%
2005	65	1	1.52%
2006	85	3	3.41%
2007	120	9	6.98%
2008	141	9	6.00%
2009	134	8	5.63%
2010	134	8	5.63%
2011	137	17	11.04%
2012	144	25	14.79%
2013	142	17	10.69%
2014	151	19	11.18%
2015	151	19	11.18%
2016	122	23	15.86%
2017	125	18	12.59%

3.2.2 质量屋改进研究

目前国内外学者对于质量屋的改进和创新主要表现在两个方面，一是从质量屋的思想本质方面：质量屋的设计核心是将顾客需求映射到产品或服务提供的过程中，也就是说将顾客这一外部资源所提供的信息通过有效的途径融入企业内部活动中。参考这一思想作为改进的基础，在企业相关决策或评价中把顾客需求真正考虑进来，所改进或评价的领域尽管已经超出了产品或服务质量的范围，但依然体现顾客导向型的现代生产和服务理念。例如：文献[53]~[55]。二是在质量屋的结构上进行研究，主要集中在以下几个方面：

1. 顾客需求的提取和分析

顾客需求的分析和提取是质量屋中最为重要的一步，无论制造业还是服务业，对于质量屋中顾客需求的科学提取和分析都将是质量功能展开最关键的环节。顾客需求的获得主要通过调研的方式，可采用询问调查法、面谈调查法、电话调查法、邮寄调查法等。对于调查回来的顾客需求项目多数采用亲和图、树图等简单的分析方法。邵鲁宁和尤建新(2005)将顾客需求直接通过成熟度模型评价体系中的因素，抓住了该行业中顾客需求的特点；邓超等(2007)针对顾客需求处理过程中的模糊性传递、顾客需求信息不完整、不一致和相关性的问题，运用数据处理和数据挖掘技术，借助 J2EE 架构和 Oracle 数据仓库实现约简算法，是对顾客需求的一种科学有效的处理方法；荆洪英等（2010）将顾客需求运用模糊聚类动态分类方法进行了聚类分析，有效地进行了结构展开；胡启国和张鹏（2007）按照广义产品的质量需求对顾客需求规定了 5 个方面的范围，为类似的顾客需求提取提供了直接可以利用的固定模式。

2. 顾客需求权重的科学确定

权重的确定是多属性决策中一个重要的研究问题，权重确定的主要方法有主观赋权法（如层次分析法）和客观赋权法（如熵值法、TOPSIS 方法等）。相关研究中质量屋的左墙顾客需求权重一般集中在层次分析法和模糊数学中两种方法。在邵鲁宁和尤建新（2008）、荆洪英等（2010）、吕锋等（2009）的研究中，质量屋权重是通过层次分析法获得的。层次分析法作为主观赋权的方法，是一种科学处理人们主观逻辑思维的判断方法，并且能够通过一致性检验，使所得权重更加贴近专家的经验。但是主观赋权毕竟存在可靠性的质疑，因而，现有的关于质量屋中顾客需求权重的确定还存在以下几种思路：最主要的是模糊评价法，由于考虑到顾客需求大多以一种模糊语言的形式表现，将其进行离散化必然会存在信息的丢失。因而，模糊赋权的方法在很多文献中应用（张永等，2006；吴隽等，2010；崔勇，孙枫，2007）。除此以外，李亮等（2007）通过灰色关联的序关系确立各指标的重要程度序；李延来等（2007）利用粗糙集理论确定权重。

3. 顾客需求与服务测量属性的相关系数的改进

传统质量屋中这一相关系数是通过 QFD 小组成员凭经验打分获得的，主观性和不确定性较强。在之后的改进研究中，李欣等（2010）通过神经网络的方法获得该相关系数，杨春辉等（2009）通过灰色关联系数代替原有的相关矩阵，还有是通过模糊矩阵替代原有的离散型数据。这一部分的改进对于质量屋有重要的意义，它决定了顾客需求向技术或服务指标转化的效果，是研究的一个重要方向。

4. 质量屋作为评价功能的屋体延伸

目前有一部分研究将质量屋的地下室进行了加深，对于关键质量技术特性进行了评价（崔勇等 2007；李亮等 2007；李延来等 2007），增加了质量屋的应用领域和范围。

综上所述，质量屋方法在质量管理中逐步发展完善，成为改进质量的有效方法，对传统质量屋的改进方案基本涵盖了质量屋构建的每一个结构。对传统质量屋结构的改进方案中，对于顾客需求的提取和分析以及顾客需求与技术或服务质量属性的相关系数的改进是质量屋研究的两个热点，因为这两部分对质量屋的构建起到重要的作用。对顾客需求的提取和分析在实践分析中具有总体导向意义；

无论对于制造业还是服务业,质量屋中的相关矩阵(屋体)的科学确定都是进行质量屋运行的理论基础。对于这两部分的研究,目前理论界已经持续展开并不断有新的成果出现,它将为二维质量屋更为科学的决策发挥重要的作用。

不过传统质量屋在实际应用中还存在以下缺陷:

(1) 质量屋中的数值采用离散的标度,然而实践中无论是顾客需求的提取还是相关关系的确定,都是基于一种模糊语言的形式,因而简单的离散数据可能会遗漏部分信息;

(2) 目前质量屋仅仅是提出问题,而没有有效地解决问题的机制,并且与实验设计(DOE)的结合不多(Zhang,1995);

(3) 顾客需求向设计要求或服务属性的测量转化的过程被忽略,往往都是基于 QFD 小组中成员的主观判断,对设计人员的经验要求过高,也增加了不确定性的因素(牟健慧等,2010);

(4) 传统质量屋方法不适合群体决策与评价,与 QFD 中所鼓励的采用交叉功能小组方法相违背(胡启国,张鹏,2007)。

3.3 质量经济性相关研究

3.3.1 质量成本

传统的质量成本分类如表 3-3 所示。

表 3-3 质量成本分类

质量成本	运行质量成本	预防成本
		鉴定成本
		内部损失成本
		外部损失成本
	外部质量成本:在合同环境下,根据用户提出的要求而提供客观证据所支付的费用	

需要强调的是,质量成本不同于产品的制造成本,而只是和满意的质量有关的成本。一般认为,质量与成本质量之间的关系如图 3-6 所示。

实践表明,为了提高质量水平而支出的预防和鉴定成本之和 C_1 随产品质量水平的提高而单调上升;而产品因质量问题带来的内外部损失成本之和 C_2 是随产品质量水平的提高而单调下降。C_1 与 C_2 的和 C 构成了产品的运行质量总成本。由此可以证明,一定存在一个最佳质量控制点,如图 3-7 所示。

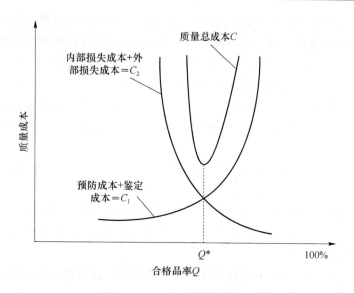

图 3-6 质量成本关系

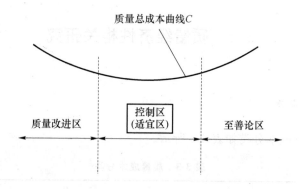

图 3-7 质量水平区域划分

朱兰博士提出的静态质量成本模型便是确定这一最佳质量控制点(也称为适宜质量水平)的重要工具。在一定条件下,企业存在一个最佳的合格品率 Q^*(如图 3-6 所示),使产品的质量总成本 C 最小。围绕这一最佳合格品率,存在一个质量的控制区,在控制区的左侧为待改进质量区;在控制区右侧为至善论区,过多地关注质量也是一种不经济的行为。因此可以建立此条件下的质量成本模型(曾方红,1998)。

设 Q 为产品合格率(%);C_1 为预防成本和鉴定成本;C_2 为单位合格品分摊的内部损失成本和外部损失成本:

$$C_1 = c e^{dQ} \quad (c>0, d>0) \tag{3.1}$$

式中,c,d 为常数系数。

$$C_2 = ae^{-bQ} \quad (a>0, b>0) \tag{3.2}$$

式中, a, b 为常数系数。

质量总成本为

$$C = C_1 + C_2 = ce^{dQ} + ae^{-bQ} \tag{3.3}$$

将式(3.3)中的 Q 进行求导,得到最小成本下的最佳产品合格率为

$$Q^* = \frac{\ln ab}{b+d} - \frac{\ln cd}{b+d} \tag{3.4}$$

但是用传统的质量成本理论分析质量经济性问题有一定的局限性(左春芳,白宝光,2005):第一,这种评价方法容易使企业为了获得质量的经济性而不愿意进行质量投入;第二,减少对质量的投入会造成一系列短期行为,影响企业的长期发展。

3.3.2 质量收益

广义的产品质量收益需要从三个方面度量,包括企业的收益、顾客的收益和社会的收益。企业的质量收益主要分为显性收益和隐性收益。其中显性收益包括销售量增加等因素所带来的直接收益和成本降低所带来的间接收益;隐性收益主要有企业声誉和顾客忠诚度的提高等。质量收益的具体构成如图3-8所示(杨睿,2012)。

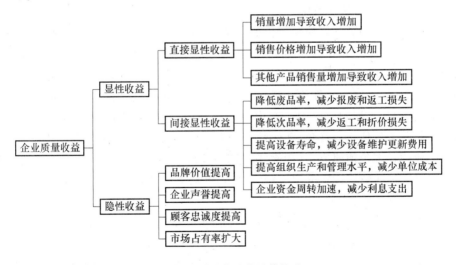

图 3-8 质量收益的具体构成

顾客是企业产品或服务的最终实现者,因此在计算质量收益时不应忽略顾客收益。同时,企业作为社会的重要组成部分,它的所有活动都需要在一定的社会规范和环境中进行,受到社会政策和文化的影响,反过来也为社会带来资源、服务和就业。因此社会质量收益也是质量收益需要考虑的要素。服务业的顾客质量收益

和社会质量收益的组成如表 3-4 所示。

表 3-4 服务业的顾客和社会质量收益

质量收益类型	具体内容
顾客质量收益	服务成本降低带来的服务价格降低； 由于价格降低使顾客拥有剩余资金购买其他服务； 服务质量水平提高使顾客拥有更超值的服务实现价值
社会质量收益	高质量服务的实现，有利于减少社会资源的浪费； 原料得到充分利用，从而减小能源、资源的浪费； 提高顾客的幸福感，进而提高社会工作效率； 提高国家的国际声誉

3.3.3 顾客价值

从顾客角度出发，质量经济性包含另一个重要概念——顾客价值。对于顾客价值的理解不同的学者有不同的阐述，而这正体现了学术界对顾客价值认识的不断深化。

1. 顾客价值定义及特征

当前国内外相关学者对顾客价值定义方式很多。综合来看，两个视角的研究较为集中：一是基于单个顾客的角度，国外学者从感知价值（Woodruff,1997）、价值权衡（Desarbo et al.,2001）、关系情感（Butz & Goodstein,1996）等视角提出了顾客价值定义。其中，感知价值视角和价值权衡视角得到了国内大多数学者的赞同和应用，比如，白长虹（2001）、武永红和范秀成（2004）、孙建成和赵嵩正（2010）等。二是基于价值权衡视角，孙建成和赵嵩两位学者进一步将该定义应用到中国水泥企业的顾客价值研究中（武永红，范秀成，2004），纪峰和梁文玲在价值权衡视角的基础上加入情境因素来定义顾客价值，并将其应用到饭店企业的顾客价值研究中（纪峰，梁文玲，2007）。

在 Woodruff（1997）所提出的感知价值视角和 Desarbo 等（2001）所提出的价值权衡视角的基础上，张明立等（2005）学者将顾客价值定义为"在特定情境中，顾客相对于竞争对手或自己的期望对产品属性、产品功效以及帮助顾客实现目标的使用结果与相应付出的全部代价之间的感知、权衡和评价"。Vantrappen（1992）、Slate 和 Narver（1994）提出了顾客价值的动态性特征，他们认为顾客价值的性质及影响因素在顾客与公司交往的不同阶段可能会发生变化。在梳理、总结国内外相关学者的定义基础上，张明立等学者进一步将顾客价值特征归纳为五个特征：主观性、情景性、层次性、动态性和相对性。

2. 顾客价值的层次与测量

顾客价值的研究学者大都认同顾客价值是有层次的。Zaithaml 和 Berry 等(1993)提出了服务顾客期望层次模型(如图3-9所示)。该模型认为顾客期望氛围理想层次(Ideal Service)、期望层次(Desired Service)和一般层次(Adequate Service)。其中,一般层次和期望层次是顾客可以接受的区域,而理想层次的顾客价值的获得会使顾客非常满意。

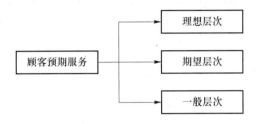

图 3-9　Zaithaml 和 Berry 提出的服务顾客期望层次模型

Woodruff(1997)基于信息处理的认知逻辑提出了一个顾客价值的三层次模型(如图3-10所示)。该模型认为,最低层次的顾客价值是顾客期望的产品属性及性能,顾客在购买产品时,会首先考虑这些因素;第二层的顾客价值是顾客在购买和使用产品时,顾客对产品属性实现预期结果的能力形成的期望和偏好;第三层的顾客价值是指顾客对其目标的实现能力形成的期望。

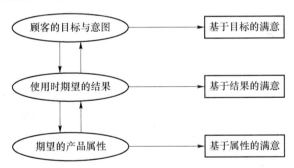

图 3-10　Woodruff 提出的顾客价值三层次模型

Weingand(1997)在对图书馆的实证研究中将顾客价值划分为四个层次:基本价值(Basic Value)、期望价值(Expected Value)、需求价值(Desired Value)、未预期价值(Unanticipated Value)。

3. 顾客价值的驱动因素

科特勒强调顾客价值应包括产品价值、服务价值、人员价值和形象价值;Parasuraman 强调顾客价值主要是由产品质量、服务质量和价格因素构成;效用价值理论则把顾客价值看成是由自然属性的物质"有用性"、心理属性的主观"需要"和社会属性的有用物品数量的"稀缺性"综合而成的；Woodruff强调顾客价值应包括所消费商品或服务的"原始属性"(Attributes)、这个商品或服务属性所产生的"消费结果"(Consequences)以及消费者进行消费行为后在心理层次满足的"消费目标"(Goal)。换句话说，当企业在考虑"顾客价值"时，不应仅仅考虑到商品或服务属性本身的顾客价值，还要进一步考虑这些属性为顾客带来的消费结果所代表的顾客价值，以及这些消费结果在心理层次引发的顾客价值。

Jarnes和Dipak(1993)在对过去有关顾客价值评估方法研究的基础上，总结出了在实践中广泛应用的九种顾客价值评估方法，这些方法主要是从产品的属性和特征角度评估顾客价值。Gale(1994)采用质量和价格两个属性，让顾客给予权数，通过一个简单的顾客感知价值图来测量各种品牌的感知价值。Indrajit和Wayne(1998)采用三维结构(品牌、属性、细分市场)测量各种品牌市场空间中的品牌的感知价值，提出了顾客价值评估的价值图(Value map)模型。Parasueaman(1997)认为，随着顾客从第一次购买到短期顾客再到长期顾客的转变，他们的价值评价标准可能会变得越来越全面、抽象，并提出了一个系统监测模型。Flint等人(2001)认为，顾客紧张是导致顾客期望价值变化的主要现象，而影响力、期望广泛程度、临时冲动、环境变化驱动力和能力驱动力将造成顾客紧张，并开发了顾客期望价值变化指示模型。Hogan(2001)提出了通过价值中心的识别、不确定性的评估、建立关系模型和分析关键变量四个步骤来测量预期关系价值。Jillian和Geoffrey(2001)提出了一种包括19项指标的价值量度体系——PERVAL，用以评估一个消费者的顾客感知价值。这种量度标准提出的四维价值体系包括情感、社会、品质/表现、货币价格等。

4. 顾客价值理论的类型

(1) Lauteborn的4CS理论。Lauteborn是美国市场营销专家，他是较早地认识到顾客价值理论的学者之一，这一理论主要体现在他所提出的4CS理论中，即消费者(Consumer)、成本(Cost)、方便性(Convenience)和沟通(Communication)。4CS理论认为，顾客是企业经营活动的中心，比较而言，企业应该更加重视顾客而不是产品。在生产之前，企业要了解、研究和分析顾客的需求和欲望；在生产过程和定价中，企业应考虑以下两方面成本因素：一是企业的生产成本，二是顾客支出的成本。企业的生产成本取决于顾客可接受的价格。同时4CS理论强调企业为消费者提供便利，主张用沟通取代促销，以积极的方式去适应顾客的各种需求[76]。

(2) 泽斯曼尔的顾客感知价值理论。泽斯曼尔认为，企业在为顾客设计价值、创造价值和提供价值的过程中，应该把顾客对价值的感知作为决定因素，顾客价值就是顾客感知价值[77](Customer Perceived Value, CPV)。根据泽斯曼尔的观点，顾客价值就是顾客所感知到的产品或服务的效用与其在为获得该产品或服务所付出的成本进行权衡之后而对产品或服务的总体评价。其中，顾客感知到的利益或效用主要包括产品实体给顾客带来的利益，顾客感知的付出成本包括付出的时间、精力和努力等资源[78]。

(3) 科特勒的让渡价值理论。科特勒从顾客让渡价值和顾客满意的角度来定义顾客价值。他认为,顾客通常是理性的,他们追求价值最大化,并能够判断哪些商品能够提供最高的价值。顾客让渡价值(Customer Delivered Value)是全部顾客价值与全部顾客成本之差。其中,全部顾客价值(Total Customer Value)就是顾客从某一特定产品或服务中所获得的一系列利益,包括产品价值、服务价值、人员价值和形象价值等;全部顾客成本(Total Customer Cost)就是在评估、获得和使用该产品或服务时产生的顾客预计费用,包括货币成本、时间成本、精神成本和精力成本以及非货币成本[79]。

(4) 格罗鲁斯的顾客价值过程理论。格罗鲁斯从关系营销的视角研究顾客价值,他认为,服务的本质是顾客与服务提供者之间的关系,而顾客价值的创造与交付过程就是关系营销的起点和结果。所谓顾客感知价值,就是顾客在消费产品或服务时对服务、产品、信息、服务接触、服务补救和其他要素的一种自我评价过程[80]。在关系范式下,顾客感知价值用如下公式表示:

$$CPV1(顾客感知价值) = \frac{情境收益+关系收益}{情境付出+关系付出} \quad (3.5)$$

$$CPV2(顾客感知价值) = \frac{核心服务+附加服务}{价格+关系成本} \quad (3.6)$$

$$CPV3(顾客感知价值) = 核心价值+附加价值 \quad (3.7)$$

从上述公式中可以看出,顾客感知价值来源于顾客的主观感知,其在很大程度上是由顾客对关系的认同和感知状况所决定的。因此,与顾客建立良好的关系,向顾客提供其需要的价值是企业建立核心竞争力的关键。

综上所述,对于质量经济性的研究,从厂商角度来看,目前学术界已经普遍认同了质量净收益的方法,但是对于质量成本和质量收益的测量和评价指标还是理论界的一个难点。从顾客角度来看,顾客价值是衡量质量经济性的一个重要维度,进而也是企业质量收益所应重视的问题。质量经济性的衡量应综合企业和顾客双方的视角,在质量收益中可加入顾客价值方面的因素,因为企业只有真正从顾客价值角度出发生产和设计服务,才能真正获得持久的竞争力,进而获得超额利润。

3.4 本章小结

本章从质量屋和质量经济性角度回顾了相关原理和研究现状。主要包括:质量功能展开与质量屋的基本原理、质量屋的已有文献回顾、质量经济性的相关研究。通过理论回顾,为后文的方法改进和创新提供了理论准备。

第二部分 服务质量屋改进的理论创新篇

第4章 服务质量屋改进的理论框架

4.1 服务质量屋在服务质量改进中的积极作用

20世纪80年代,国内外学者开始将质量功能展开方法引入到服务行业中(Glenn和Mazur 1993;陈江彪,张卓,2003),用以改进或评价服务质量。从质量屋的运行本质来看,与制造业相同,服务质量的改进也需要首先识别左墙的顾客需求和天花板的服务属性维度,通过屋体相关矩阵的运算,和地板地下室的指标对比得出服务改进方案。

与制造业不同,第二章所分析的服务业的特点使服务过程既产生了服务产品,又形成了顾客感知,并且这种顾客感知往往比制造业更加难以量化和标准化。因此服务企业更加关注顾客需求,使服务的每一个环节、前台系统和后台系统都映射出顾客的声音。将质量屋运用到服务业中更能发挥质量屋方法的优势和服务业的特点,同时也能对服务业服务质量改进提供更加科学有效的方法和决策依据。

具体来说,服务的无形性要求企业重视顾客在服务过程中的服务感知和服务期望,而顾客感知和顾客期望正是服务质量关注的核心问题,因此也是质量屋运行的首要目的。

服务的同时性要求服务企业重视顾客的参与过程,通过顾客参与,服务企业可以直接接触顾客,进而通过良好的服务,提高顾客的满意度和忠诚度。但是同时这也使服务的随机性和复杂性提高,给服务质量的控制增加了难度。质量屋以顾客需求的提取作为问题的起点,充分考虑顾客的声音,将顾客的意见有效地融入企业质量改进的决策中,因此质量屋以顾客需求为导向的本质与服务业的同时性特点相一致。

服务的非存储性使服务的成果只能以过程的形式存在,这就要求服务企业更加注重顾客满意度和顾客忠诚度,因为顾客只有在服务过程中获得满意并形成忠诚才能产生重复消费行为,进而促进服务品牌的形成,为服务企业创造经济效益。而获得顾客满意和顾客忠诚正是质量屋分析最终要达到的效果。

由此看来，服务的特点与质量屋方法的核心思想和本质相吻合，将质量屋引入服务业能够更好地提升服务业的服务质量和顾客的满意度，发挥质量屋方法的优势，更好地分析和改进存在的问题，从而提高服务企业的竞争力。

4.2 服务质量屋的改进方向

尽管服务业的特点与质量屋方法的本质和核心思想相吻合，但是由于服务与产品的本质不同但又相互联系，因此，若将产品生产过程中行之有效的分析方法和研究成果应用在服务领域中，则需要根据服务业的特点做适当的转变。

4.2.1 服务质量屋屋体相关矩阵的改进分析

服务业中顾客的参与程度更深入，顾客的驱动力更强，及时并灵活地满足顾客的需求和声音对服务型企业来说是一种竞争力的体现。从第三章中对传统质量屋结构改进的文献梳理中，对质量屋屋体相关矩阵的改进是目前质量屋方法改进的一个重点。主要原因是屋体相关矩阵是质量屋运行最为重要的逻辑矩阵，是将顾客的需求融入服务属性的关键环节，对做出服务改进评价有非常重要的作用。

以往相关矩阵的获得是质量功能展开小组技术专家根据实际经验的打分，这种方法依赖于专家群体长期工作实践的经验和判断，反映评价者的直觉和偏好，并且该方法运行简便，信息量大，专家之间可以相互启发。但是不可否认，主观打分的方法有以下缺点：

（1）如果专家选择不当，相关矩阵的获取将体现较大的主观随意性，夸大或减小某些指标间的关系，导致不能完全真实地体现出天花板和左墙指标的真实关系，进而使得决策失真。

（2）所选专家的人数有限，很难做到完全具有代表性，难免有信息的遗漏而致使决策考虑不全面。

（3）专家现场讨论和决策过程中，容易受到权威专家或大多数人意见的干扰，使少数人的正确意见得不到重视，以致出现"从众现象"，个人的真实想法遭受臆想的群体压力，而不由自主地放弃自己的想法趋向于大多数人的意见。

（4）更为重要的是服务业不同于制造业，其服务的关键属性并不涉及过多的技术和专业知识，而是更加关注顾客感知价值。因此，主观的专家打分在服务质量屋中常常出现偏颇，不能真正体现顾客的意愿。

由以上的分析可知，服务业中对质量屋屋体相关矩阵的改进有利于服务企业更清晰地了解顾客需求，有利于提高服务质量屋相关矩阵的客观性，有利于制定科学的服务改进方案。

4.2.2 服务质量屋扩展经济性维度的改进分析

随着顾客需求的不断变化,服务企业更需要对服务质量改进方案的选择进行经济性分析,这样才能减少质量浪费,将有限的资源用于顾客"迷人质量"的改进而减少在"当然质量"上的浪费,提高服务质量和顾客满意度与忠诚度,提高质量屋这一方法的使用价值。因此,将经济性维度作为一个独立的维度引入服务质量屋中是有意义的。

从质量屋的本质来看,质量屋在解决制造业产品质量分析和改进的过程中,通过天花板技术属性指标的选取以及左墙顾客需求与天花板技术属性相关关系间接体现了经济性因素,即在技术属性指标容差设计和屋体相关矩阵的确定中隐含考虑质量经济性的影响。但是必须明确的是:

(1) 传统质量屋的关注重点在于技术属性与顾客需求之间的关系进而得出改进技术项目的决策。质量经济性因素只是间接加以考虑,而不是单独作为决策依据的,而且往往与其他不确定因素混淆在一起,无法清晰地体现为质量改进决策的经济性准则。

(2) 服务业以顾客主观感知作为质量改进决策的标准,天花板采用服务属性指标,往往与行业标准相关。这就决定了质量经济性无法通过参数设计间接反映,因此在服务质量改进的决策中,经济性因素无法体现。

由此可能产生的问题是,服务企业常常会在"当然质量"上浪费较多的成本,而对于"迷人质量"却缺乏足够的资金支持,进而影响企业整体经济效益的提升。另外,过度质量也可能导致顾客所花费的代价过高,而使顾客价值受损。

因此本书的另一研究重点放在对服务业质量屋屋体扩展方面,将经济性作为一个独立的维度引入服务质量屋中,扩展质量屋二维结构为简单三维结构,为企业服务质量评价和改进增加新的参考依据,为企业的科学决策提供新的更为全面的考虑空间。

4.2.3 基于协同效率的三维服务质量屋的改进分析

对质量屋结构的改进,理论界已进行了充分的研究,基本涵盖了质量屋运作原理中的全部关键步骤,即左墙、天花板、屋顶、屋体矩阵、右墙、地下室。对上述结构的改进确实提高了质量屋决策的科学性和有效性。但是这些研究中也涌现出两个需要关注的问题。一是多数文献只停留在利用质量屋的方法解决具体的研究问题,针对具体的研究问题,提出适用的结构改进的具体方法,而这些改进并不具有普遍适用性。从二维层面重复方法的替换,使质量屋成为了技术方法的整合平台,对方法本身的发展推动力有限。二是从质量屋运作原理本身所体现利用维度关联解决维度融合的思想考虑，并尝试引入新的维度，将二维平面结构扩展成三维立体结构，将会获得更多创新性的启发，是质量屋未来改进新的重要方向。改进或评价的领域不仅仅局限于质量管理领域，可以扩展到战略选择，多属性评价等诸多领域，现有的少数文献已初露端倪，如马燕华，Yoji Akao(1990)，邵鲁宁和尤建新(2008)的研究，极大地扩展了质量屋这一方法的理论创新空间和实践应用的范围。

在服务质量屋的三维扩展研究中，企业在服务和产品之间的协同成为了先进制造和智能服务共同关注的焦点。而恰巧，质量屋方法的原理，尤其是扩展后的三维质量屋，对于处理协同问题将具有一定的优势。一方面质量屋思想的本质就是通过逻辑矩阵变换使决策中的两种维度有机结合起来，两种属性的维度特征都能在最后的决策中得到体现。因此质量屋方法在解决协同问题中有一定的方法上的优点。另一方面随着4G/5G技术、计算机视觉、云计算、机器学习等互联网技术的兴起，连接了先进制造与智能服务的两端，派生出了智慧制造和智慧服务等众多产业，如无人驾驶汽车、工业机器人、电子商务、手机支付、无人零售店、智能医疗诊断、智能快递服务等，引领了社会的进步。而通过这些先进技术的中介作用，智慧制造和智慧服务也产生了由技术作为纽带的协同效果。

因此本书在服务质量屋的三维扩展中将着重解决如何利用质量屋的原理，在服务质量屋的第三个维度实现产品与服务的协同效率评价问题。

4.3 本章小结

质量屋方法的本质与服务业以顾客需求为本的要求不谋而合，因而将质量屋方法运用到评价和改进服务质量中对质量屋理论和服务质量的实践都具有重要的研究价值。

本章首先分析了将质量屋方法应用到服务业中进行服务质量改进的积极作用：服务业的特点与质量屋的分析目的、质量屋的运行机理和质量屋的期望效果具有一致性。之后本章在已有研究成果的基础上，提出了三种服务质量屋的改进方向：一是服务质量屋屋体相关矩阵改进的必要性；二是服务质量屋扩展经济性维度的必要性；三是服务质量屋在产品和服务之间协同的三维质量屋的必要性。在接下来的章节中，将详细提出改进方法和应用实例。

第5章 服务质量屋的改进模型

在理论分析的基础上,本章的主要任务是解决第一章中所提出的三个理论问题,结合服务业无形性、差异性、不可分离性和不可存储性等特点,从相关矩阵、经济性维度和服务与产品协同三个方面对服务质量屋进行重点改进。本章的第5.1~第5.4节四个小节整合了相关矩阵和经济性维度两种改进,并作为一个整体介绍了实现步骤。第5.5小节是服务质量屋在平展面上的又一种扩展,是对第5.2小节提出的一种平行的方案。因此第5.5小节中将不再赘述前面的质量屋屋体的相关内容,而是直接列出了平展面的三维改进方法。

5.1 质量屋相关矩阵改进

5.1.1 结构方程系数改进相关矩阵的可行性分析

1. 结构方程模型

结构方程模型(Structural Equation Modeling,SEM)又称为潜在变量模型(Latent Variable Models,LVM)(Moustaki et al.,2004),早期被称为线性结构关系模型(Linear Structural Relationship Model)、协方差结构分析(Covariance Structure Analysis)、验证性因子分析(Confirmatory Factor Analysis)、简单的LISREL分析等。它整合了因素分析(Factor Analysis)与路径分析(Path Analysis)两种方法,能够同时检验模型中的显变量、潜变量、干扰项和误差项之间的关系,从而得到自变量与因变量之间的直接效果、间接效果和总效果。结构方程模型分析的基本假定与多元统计相同,要求样本数据符合多变量正态性(Multivariate Normality)假设,数据必须服从正态分布,观察变量呈线性关系。

结构方程模型是一个结构方程式的集合或称为体系,其方程式中包含随机变量(Random Variables)、结构参数(Structural Parameters),有时也包括非随机变量。其中,随机变量有三种类型:观测变量(Observed Variables)、潜变量(Latent Variables)、干扰变量(Disturbance Variables)。结构方程模型允许同时考虑多种内生变量(Endogenous Variables)的方程,也允许外生变量(Exogenous Variables)与内生变量之间的测量误差项或残差项的存在。与传统的因素分析相比,SEM 给予更多普遍性的测量模型,并且能使研究者找到潜变量之间的关系[68]。

关于结构方程分析中的样本量的讨论,有些学者采用相关统计的首要原则,每一个观测变量至少要 10 个样本。对于结构方程而言,样本数量当然是越大越好,这与一般的统计理论的要求相同,但是在 SEM 的适配度检验中,绝对适配度指数 χ^2 容易受到样本数量的影响,当样本数较多时,χ^2 容易达到显著性水平($p<0.05$)。学者 Schumacker 与 Lomax(1996)的研究可作为研究者的参考:大部分的 SEM 研究中,样本数多介于 200~500;在行为及社会科学领域,学者 Bentler 与 Chou(1987)建议有时候小于 200 或大于 500 也是可以采纳的。

结构方程模型中有两个基本模型:测量模型和结构模型。测量模型由潜变量和观察变量组成。用数学定义来解释,测量模型就是一组观察变量的线性函数。结构模型是潜在变量之间因果关系的模型,作为原因的潜在变量为外生潜在变量,作为结果的潜在变量称为内生潜在变量。在结构分析模型中,只有测量模型而没有结构模型的回归关系,为验证性因素分析;相反,只有结构模型而没有测量模型,相当于传统的路径分析(吴明隆,2009)。

2. 基于结构方程模型改进的必要性

屋体相关矩阵是质量屋运行的核心,前文中所述专家主观性打分的缺陷将通过质量屋的运行传递至最终的决策,以致影响质量屋运行的效率。在服务业中,顾客需求和顾客满意在服务价值创造中的作用更加明显,因此在质量改进决策的关键环节,如果能将质量屋屋体相关矩阵的获取采用广泛听取顾客和技术人员的"声音"为来源,运用科学的统计方法将顾客和技术专家的意见信息转化为相关系数,既符合质量屋运行机理的本质,又能减少对专家经验的过度依赖,对于服务质量改进的科学决策将会发挥重要的作用。基于此,本书采用结构方程建模方法来确定相关矩阵。

结构方程模型是当代行为科学与社会科学领域量化研究的重要统计方法,它能够同时测量多个自变量和多个因变量之间的关系,融合了传统多变量统计分析中的"因素分析"与"线性模型之回归分析",能够识别、估计和验证各种因果模型。通常使用的软件有:LISREL 与 AMOS 等,在服务质量的实证研究中是较为常用的研究方法。结构方程对于改进服务质量屋的相关矩阵有以下优势。

第一,结构方程建模适合处理二维的多变量之间关系,这一特点与质量屋相关矩阵的获得相一致。质量屋相关矩阵正是体现左墙和天花板两个维度多个指标之间的关系，因而可以通过结构方程系数很好地进行量化。

第二，结构方程模型是基于调研的一种统计方法，这与服务质量屋广泛听取顾客声音的特点相一致。能够将顾客和技术人员对服务产品的意见直接结合，减少了信息的浪费，提高决策的科学性。

5.1.2 基于结构方程系数的相关矩阵建模

从某种意义来说，结构方程模型是回归模型的一种延伸，应用结构方程模型研究的特点是，许多变量都无法进行直接测量，因而定义了潜在变量和测量变量。潜在变量是无法直接观测的变量，但是可以通过建立与观测变量（显性变量）的关系而间接对它进行研究。结构方程有两个基本的模型：测量模型（Measured Model）与结构模型（Structural Model）。其中，测量模型能够获得指标变量与潜在变量的数量关系，即外生潜变量与外生观察变量之间的关系系数以及内生潜变量与内生观测变量之间的关系系数，是质量屋改进的一项重要依据。

测量模型（Measured Model）也称验证性因子分析模型，由潜在变量（Latent Variable）与观察变量（Observed Variable）组成，其回归方程式表示成矩阵方程式为

$$X = \Lambda_x \xi + \delta, \quad E(\delta) = 0 \tag{5.1}$$

$$Y = \Lambda_y \eta + \varepsilon, \quad E(\varepsilon) = 0 \tag{5.2}$$

式中，X 和 Y 分别是 $p \times 1$ 阶外生观察变量向量和 $q \times 1$ 阶内生观察变量向量；ξ 和 η 分别是 $m \times 1$ 阶外生潜在变量（隐变量）向量和 $n \times 1$ 阶内生潜在变量（隐变量）向量；Λ_x 是外生观察变量 x 在外生潜变量 ξ 上的 $p \times m$ 阶因子载荷矩阵；Λ_y 是内生观察变量 y 在内生潜变量 η 上的 $q \times n$ 阶因子载荷矩阵；δ 和 ε 分别为 $p \times 1$ 阶和 $q \times 1$ 阶测量误差向量，并且 ε 与 η、ξ 与 δ 无关，而 δ 与 ξ、η 与 ε 也无关。在结构方程模型中的测量模型中假定：潜在变量与测量误差之间不能有共变关系或因果路径存在。

通过结构方程模型，相关矩阵中的数据全部源于顾客提供的信息并遵循一定的因果路径。体现了服务业以顾客为导向的特点，使决策能更加符合顾客的需求。

线性结构方程中的结构模型（Structural Model）主要反映潜在变量之间的关系，外生潜变量与内生潜变量之间的因果关系为

$$\eta = B\eta + \Gamma\xi + \zeta \tag{5.3}$$

式中，η 和 ξ 分别是内生潜变量向量和外生潜变量向量；B 是 η 的 $n \times n$ 阶回归系数矩阵，也就是内生潜变量之间的通经系数矩阵；Γ 是 ξ 的 $m \times m$ 阶回归系数矩

阵,也就是外生潜变量对应其内生潜变量的通经系数矩阵;ζ 为模型内未能解释的 $n\times1$ 阶残差向量,$E(\zeta)=0$,ε 与 η 不相关,δ 与 ξ 不相关;ξ 与 ζ 不相关;ζ,ε 和 δ 之间均不相关。

协方差矩阵满足:
$$\mathrm{cov}(\boldsymbol{\xi})=\boldsymbol{\Phi}(m\times m)$$
$$\mathrm{cov}(\boldsymbol{\zeta})=\boldsymbol{\Psi}(n\times n)$$
$$\mathrm{cov}(\boldsymbol{\delta})=\boldsymbol{\Theta}_\delta(p\times p)$$
$$\mathrm{cov}(\boldsymbol{\varepsilon})=\boldsymbol{\Theta}_\varepsilon(q\times q)$$

由式(5.1)和式(5.2)易得向量 $\boldsymbol{Z}=(\boldsymbol{Y}',\boldsymbol{X}')$ 的方差-协方差矩阵
$$\boldsymbol{\Sigma}=\begin{pmatrix}\boldsymbol{\Lambda}_y\boldsymbol{A}(\boldsymbol{\Gamma\Phi\Gamma}'+\boldsymbol{\Psi})\boldsymbol{A}'\boldsymbol{\Lambda}_y'+\boldsymbol{\Theta}_\varepsilon & \boldsymbol{\Lambda}_y\boldsymbol{A}\boldsymbol{\Gamma}\boldsymbol{\Phi}\boldsymbol{\Lambda}_x' \\ \boldsymbol{\Lambda}_x\boldsymbol{\Phi}\boldsymbol{\Gamma}'\boldsymbol{A}\boldsymbol{\Lambda}_y' & \boldsymbol{\Lambda}_x\boldsymbol{\Gamma}\boldsymbol{\Lambda}_x'+\boldsymbol{\Theta}_\delta\end{pmatrix}$$

式中,$\boldsymbol{A}=(\boldsymbol{I}-\boldsymbol{B})^{-1}$,$\boldsymbol{\Phi}$,$\boldsymbol{\Psi}$,$\boldsymbol{\Theta}_\varepsilon$,$\boldsymbol{\Theta}_\delta$ 分别是 $\boldsymbol{\xi}$,$\boldsymbol{\zeta}$,$\boldsymbol{\varepsilon}$,$\boldsymbol{\delta}$ 的协方差矩阵。

根据上述结构方程原理,对服务质量屋作如下假设:

令服务质量屋左墙的顾客需求 $\boldsymbol{D}$ 为结构方程的外生潜变量,则 $\boldsymbol{D}$ 为一个 m 维列向量 $(\boldsymbol{\xi}_1,\boldsymbol{\xi}_2,\cdots,\boldsymbol{\xi}_m)^\mathrm{T}$,$m=1,2,\cdots$。每一个顾客需求外生潜变量 $\boldsymbol{\xi}_i$ 由不同的维度组成,分别为

$$\boldsymbol{\xi}_1=(x_{11},x_{12},\cdots)^\mathrm{T}$$
$$\boldsymbol{\xi}_2=(x_{21},x_{22},\cdots)^\mathrm{T}$$
$$\vdots$$
$$\boldsymbol{\xi}_m=(x_{m1},x_{m2},\cdots)^\mathrm{T}$$

式中,x_{ip} 为第 i 个顾客需求外生潜变量 $\boldsymbol{\xi}_i$ 的第 p 个外生测量变量,其中 $i=1,2,\cdots,m$;$p=1,2,\cdots$。

令顾客需求外生潜变量 $\boldsymbol{\xi}_i$ 与其所对应的外生测量变量 x_{ip} 之间的关系系数为 ρ_{ip},根据结构方程原理有

$$\boldsymbol{\xi}_i=\rho_{i1}x_{i1}+\rho_{i2}x_{i2}+\cdots+\rho_{ip}x_{ip}+\cdots+\delta \tag{5.4}$$

式中,$i=1,2,\cdots,m$;$p=1,2,\cdots$,δ 为残差。

以上设定阐述了质量屋左墙顾客需求的层次划分过程,其内生关系与式(5.1)所揭示的含义相同。

同理可确定质量屋天花板各变量如下。

令服务质量屋的天花板采用行业服务属性,服务属性 $\boldsymbol{F}$ 为结构方程的内生潜变量,$\boldsymbol{F}$ 是一个 n 维行向量 $(\boldsymbol{\eta}_1,\boldsymbol{\eta}_2,\cdots,\boldsymbol{\eta}_n)$,$n=1,2,\cdots$。每一个服务属性内生潜变量 $\boldsymbol{\eta}_i$ 也由不同的维度组成,分别为

$$\boldsymbol{\eta}_1=(y_{11},y_{12},\cdots)^\mathrm{T}$$

$$\boldsymbol{\eta}_2 = (y_{21}, y_{22}, \cdots)^{\mathrm{T}}$$
$$\vdots$$
$$\boldsymbol{\eta}_n = (y_{n1}, y_{n2}, \cdots)^{\mathrm{T}}$$

式中，y_{jq} 为第 j 个服务属性内生潜变量 η_i 的第 q 个内生测量变量，$j=1,2,\cdots,n$；$q=1,2,\cdots$。

令服务属性内生潜变量 $\boldsymbol{\eta}_j$ 与内生测量变量 y_{jq} 之间的关系系数为 μ_{jq}，根据结构方程原理，有

$$\boldsymbol{\eta}_j = \mu_{j1} y_{j1} + \mu_{j2} y_{j2} + \cdots + \mu_{jq} y_{jq} + \cdots + \varepsilon \tag{5.5}$$

式中，$j=1,2,\cdots,n$；$q=1,2,\cdots$；ε 为残差。

上述三个设定阐述了质量屋天花板服务属性的层次划分过程，其变量间的内在关系与式(5.2)所揭示的含义相同。

进而用 $\gamma_{ij}(i=1,2,\cdots,m;j=1,2,\cdots,n)$ 表示结构方程中外生潜变量与内生潜变量之间的关系，表现在服务质量屋中为顾客需求一级指标和服务属性一级指标的相关关系。

服务质量屋屋体相关矩阵是左墙与天花板之间关系的体现，既体现顾客需求对于服务属性的归属程度，又体现了服务属性对顾客需求的反应。为体现相互作用原则，本书采用如下公式确定服务质量屋屋体相关矩阵的相关系数为

$$R_{ipjq} = \rho_{ip} \cdot \gamma_{ij} \cdot \mu_{jq} \tag{5.6}$$

式中，R_{ipjq} 是将左墙顾客需求和天花板服务属性测量变量和潜变量联系起来的综合指标，其中，$\rho_{ip} \in [0,1]$，$\gamma_{ij} \in [0,1]$，$\mu_{jp} \in [0,1]$，因此，$R_{ipjq} \in [0,1]$。该指标在质量屋相关矩阵改进过程中有以下优点。

(1) 从指标构成来看，该指标综合反映了顾客需求潜变量和观察变量之间、服务属性潜变量和观察变量之间以及顾客需求潜变量和服务属性潜变量之间的关系。通过乘积的形式将三者联系起来，把调研得到的数据转化为决策基础数据。

(2) 从指标大小来看，乘积的形式能够灵敏地反映各构成系数的大小，即当其中的一种关系系数表现较弱或不相关的时候，能够控制整个系数值，避免因服务属性或顾客需求系数较大而导致整体错误决策。

(3) 从指标方向来看，该指标通过乘积形式可以反映各系数的相关关系方向，能够有效地为决策提供数据基础。

5.1.3 模型估计

设定了模型之后，接下来根据测量变量的方程和协方差来估计参数值。结构方程的模型估计与传统的统计方法中尽量将样本每一条数据的拟合值和观察值最

小化不同,它的处理是尽量将样本的方差协方差值与模型估计的方差协方差最小化。其基本原理是:将观测变量的方差协方差矩阵表示为一系列参数的函数,之后再把固定参数值和自由参数的估计值带入结构方程,得到一个总体方差协方差矩阵 $\boldsymbol{\Sigma}$,使 $\boldsymbol{\Sigma}$ 矩阵中的每一个元素与对应的观察变量中的方差协方差矩阵 S 接近。如果假设模型正确,那么 $\boldsymbol{\Sigma}$ 与 S 趋于相同。

根本来说,结构方程模型的最基本假设是 $\boldsymbol{\Sigma}=\boldsymbol{\Sigma}(\theta)$,其中 $\boldsymbol{\Sigma}$ 是总体协方差矩阵;θ 是结构方程模型所设定的参数,表现为矢量形式;$\boldsymbol{\Sigma}(\theta)$ 是模型的 θ 协方差矩阵。如果结构方程模型总体参数已知并且模型设定正确,那么就能够满足 $\boldsymbol{\Sigma}=\boldsymbol{\Sigma}(\theta)$。但遗憾的是,我们往往无法知道总体协方差和总体参数的值,因此只能通过对样本协方差矩阵来进行估计,即 $\hat{\boldsymbol{\Sigma}}=S$。由此可知,结构方程模型求解参数的过程就转化为使 $\boldsymbol{\Sigma}(\theta)$ 与 S 距离最小的过程。这种求最小化(接近程度)的函数称为拟合函数,最常用的参数估计方法有广义最小二乘法(GLS)和极大似然估计法(ML)等。拟合函数为

$$F_{\mathrm{GLS}}=\left(\frac{1}{2}\right)\mathrm{tr}\{[I-\boldsymbol{\Sigma}(\theta)S^{-1}]^2\} \tag{5.7}$$

$$F_{\mathrm{ML}}=\lg|\boldsymbol{\Sigma}(\theta)|+\mathrm{tr}\{S\boldsymbol{\Sigma}^{-1}(\theta)\}-\lg|S|-(p+q) \tag{5.8}$$

随着软件技术的发展,在实际运用结构方程过程中,ρ_{ip},γ_{ij},μ_{jq} 都是可以通过软件运算出来的量。因此 R_{ipiq} 是一个既具有现实意义又具有理论可获得性的指标。

5.2 经济性维度的扩展

5.2.1 引入经济性的意义

现代企业越来越重视企业的整体价值,从所有者权益、顾客、员工、供应商等多角度衡量企业的综合绩效,而不是单纯从产品质量或市场份额角度来进行评价。基于以上分析,本书考虑将质量经济性作为一个单独的维度引入服务质量屋中,将质量屋从原来的二维平面结构延伸为三维立体结构(如图5-1所示),使服务质量改进的决策中直接体现经济性维度。这种改进既符合现代服务质量管理的发展趋势,又增强了质量屋结构的稳定性,全面考虑市场、技术、经济三个方面,提高服务质量屋决策的科学性,其所确立的质量改进方案对于从根本上提升企业的核心竞争力更有效用。

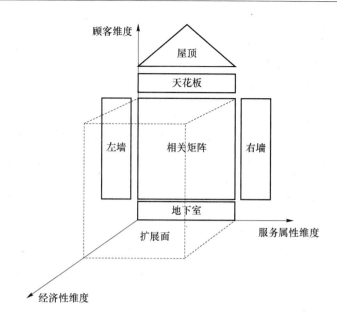

图 5-1 质量屋扩展模型

对于服务企业而言,质量经济性维度的引入更加能够体现以用户和社会需求的质量为基本出发点,从经济性的角度出发作出质量改进决策,同时能够在质量、成本、顾客价值中寻求最佳的组合。具体来说将经济性分析引入质量屋中有如下意义。

1. 有利于扩展服务质量屋的使用功效

传统制造业质量屋设计顾客需求和技术参数或服务属性两个维度,经济性在决策中间接加以考虑,而在服务业中由于衡量标准的模糊性,经济性因素缺乏系统的分析,难以成为决策标准。这使得所选择的质量改进方案消耗大量成本却无法有效提高顾客满意度,严重影响了决策的有效性。扩展的服务质量屋能够避免缺乏经济性考虑的决策,使质量屋更加体现决策的科学性,增加了质量屋结构的稳定性,扩展了质量屋工具的使用效率。

2. 有利于提高企业的经济效益

由于考虑了经济性的因素,企业的决策空间扩展了,避免了企业有限资金和技术力量的浪费。经济性与企业的效益息息相关,是企业综合绩效的体现。因此将经济性引入服务质量屋,分析企业服务质量的改进这对于提高企业的经济效益、全面提高企业利益相关者的效益具有重要的作用。

3. 有利于提升顾客价值

顾客购买的服务是价值和价格的统一体,传统质量屋是对使用价值改进的一种方法,而将经济性引入服务质量屋能够通过对成本和收益的控制进而影响服务的价值,使顾客购买的服务具有更高的顾客价值,从而增加服务的市场竞争力。

4. 有利于企业资源优化配置

资源总是稀缺的,用于这一方面就无法用于那一方面。对于企业来说,将资金投入到研发设计就会适当减少市场开拓的支出,因此企业总是力图寻求最优的资源组合。将经济性引入服务质量屋的分析过程,使质量改进的考虑维度增加了,企业能够根据整体最优的原则配置资源,提高资源利用的效率,实现企业"归核化"。

5.2.2 质量经济性的模型

经过国内外学者的相关研究已证明[82],评价质量的经济性不能单纯采用质量成本指标,要将质量成本与质量收益综合起来考虑确定最佳质量水平。本书在研究质量经济性的过程中采用目前学者所广泛采用的计算质量净收益指标的方法:

$$质量净收益 = 质量收益 - 质量成本 \tag{5.9}$$

这里所讨论的经济性作用机制主要指三维模型中的服务属性维度与经济性维度之间的关系。问题的关键在于从质量屋运行过程中寻找质量收益和质量成本,并将其定量化,并通过两者之差来测算质量净收益。

1. 质量收益

日本质量管理专家狩野纪昭(1984)参考美国心理学家 E. Herzberg 的双因素理论从顾客所感受到的服务满意程度和顾客需求出发,提出了描述顾客满意的 KANO 模型,分析了顾客满意度随顾客需求被满足之后的变化情况,如图 5-2 所示。

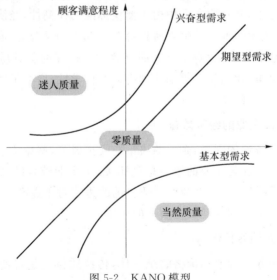

图 5-2 KANO 模型

该模型将顾客需求分为:基本型需求、期望型需求和兴奋型需求。它们分别对应的质量水平为当然质量、零质量和迷人质量。实际上 KANO 模型给出了顾客对质量价值进行评价的模式。质量价值由企业创造出来,由顾客通过自己的感知对其进行评价,顾客所评价的质量价值直接决定企业质量收益的大小。因此本书对质量收益的探讨主要以顾客为主体,关注顾客感知的质量价值的大小。

本书借鉴 ISO 9000—2005 对广义质量的定义,从顾客的角度来衡量产品或服务所带来的价值。质量收益是给企业带来的与质量水平有关的部分收入[55]。总的来说,服务质量收益受到以下因素的影响。

(1) 顾客忠诚(Customer Loyalty,CL)。科特勒曾说,培养忠诚的顾客是每个企业的核心。在营销实践中,顾客忠诚表现为顾客购买行为的连续性,体现了顾客对产品或服务的认可和依赖,是顾客对企业在长期竞争中所表现出的优势的综合评价。顾客忠诚是顾客满意的充分而非必要条件,顾客满意不一定带来顾客忠诚,但是顾客不满意一定不会导致顾客忠诚。实践和理论都认同的是,顾客满意有利于顾客忠诚的形成。

(2) 价格(Price,P)。微观经济学分析中,价格对收益的影响表现为二次曲线关系,存在一个最佳价格,当价格高于或低于最佳价格时,由于价格和销量相互制约关系,收益有进一步优化的空间。服务业中价格对质量收益的影响是复杂的,除了销量,两者的关系还受到顾客对价格的敏感程度、质量改进的成本等多变量的影响。因此价格是质量收益的动态调整因素,为了分析的方便,后文中将价格作为一个常数来处理。

(3) 市场份额(Market Share,M)。市场份额是获得质量收益的重要指标,较高的市场份额代表了企业较强的竞争力和持久的利润。影响市场份额的根源是顾客对服务质量的满意程度,因为高的顾客满意度才能形成顾客忠诚,进而带来重复购买。

大多数学者认为,质量收益直接或间接地受到顾客满意的影响[83,84],顾客满意是质量收益的决定性因素。本书综合以上分析,将质量收益的直接影响因素表示为顾客满意的函数,使顾客满意成为质量收益的真正作用内因,既符合服务业以顾客为导向的特点,有利于服务企业更加关注顾客感知的价值,又提高了质量收益的可获得性,为企业提高质量经济性提供了可实现的途径。综合以上的分析可得:

$$RQ = f(P, cy(cs), m(cs), W) \tag{5.10}$$

式中,RQ 表示质量收益;P 代表服务价格水平;$cy(cs)$ 代表顾客忠诚函数,即顾客满意是顾客忠诚的前导因素;$m(cs)$ 代表市场份额是顾客满意的函数;W 代表其他未提及的影响因素的总和。即质量收益是价格、顾客忠诚、市场份额等因素的函数。

本书对质量收益的具体函数形式不做过多推导,为分析质量收益的来源和实现质量收益的可衡量性,将质量收益的影响因素简化为线性关系。在企业的质量竞争环境下,假设价格与质量收益之间的关系为 k_1;顾客忠诚与质量收益之间的关系为 k_2;市场份额与质量收益之间的关系是 k_3;其他因素与质量收益之间的关系是 k_4,由前文的分析可知,顾客满意对顾客忠诚和市场份额的影响是正向的,因此设

$$cy(cs)=\alpha_1 CS, m(cs)=\alpha_2 CS \tag{5.11}$$

则将式(5.11)带入式(5.10)进一步转化为

$$RQ=k_1P+k_2cy(cs)+k_3m(cs)+k_4W=k_1P+k_2\alpha_1CS+k_3\alpha_2CS+k_4W \tag{5.12}$$

根据前文的分析,$k_2>0, k_3>0, \alpha_1>0, \alpha_2>0$,式(5.12)可化简为

$$RQ=(k_2\alpha_1+k_3\alpha_2)CS+(k_1P+k_4W) \tag{5.13}$$

式中,$k_2\alpha_1+k_3\alpha_2>0$,为简化分析,$k_1P+k_4W$ 可假定为常数。

所以,质量收益的一阶导数为正,即

$$\frac{dRQ}{dCS}=k_2\alpha_1+k_3\alpha_2>0 \tag{5.14}$$

因而质量收益与顾客满意之间关系曲线为向上倾斜,二者之间为正向关系。应当指出的是:

(1) 本书对质量收益与顾客满意之间的正向关系的探讨只考虑大多数行业和正常区间范围,对于异常值和极限范围不做讨论,目的仅限于解决质量收益的衡量问题。

(2) 本书对于质量收益和顾客满意度各影响因素的分析主要关注两者关系的方向,对于具体的关系形式不做详细探讨,因而只做线性假设,目的是得出质量收益与顾客满意在影响方向上的关系,进而为提出用顾客满意度粗略体现质量收益提供依据。

2. 质量成本

文献综述中论述了传统质量成本与质量水平的关系。但是目前该理论受到了部分人的质疑,第一,该模型确定的最佳质量水平所对应的是一个大于零的缺陷率,其结论与克劳斯比的零缺陷理论相悖[85],符合成本要求最佳的质量水平并没有达到零缺陷;第二,该理论是从静态角度考虑质量问题的,没有考虑到企业随着经验的积累和学习效应而动态地增加质量水平,因此所得结论只能是局部最优而不是全局最优解[86]。

本书将传统质量成本问题引入服务业中,将服务行业的质量成本构成分为:服务失败的损失成本、服务保证成本、与顾客交互学习的经验影响成本。质量成本曲

线如图 5-3 所示。

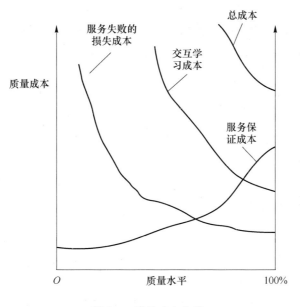

图 5-3 质量成本曲线

(1) 服务业中质量损失成本的构建——服务失败成本。服务失败成本是服务过程中由于服务失败导致顾客不满而产生的成本,相当于制造业中质量损失成本。服务水平越高,服务失败成本就越低,两者是反向关系。

设 q 是质量水平,$c_1(q)$ 表示服务失败成本。随着服务质量的提高,服务失败成本降低,当服务质量接近于零缺陷时,受到品牌和信誉等影响,服务损失成本迅速下降,并达到最小值。用曲线表现为单调减少的向上凹形。用以下多项式模拟为

$$C(q) = \beta_0 + (-1)\beta_1(q-1) + (-1)^2\beta_2(q-1)^2 + \\ (-1)^3\beta_3(q-1)^3 + \cdots + (-1)^n\beta_n(q-1)^n \tag{5.15}$$

式中,$\beta_i > 0, i = 1, 2, 3, \cdots, n, t$ 是最佳服务质量水平,$q \in (0, 1]$。

当 $q = 1$ 时,$C_1(1) = \beta_0$,获得最小成本。

服务失败成本曲线为单调减函数并呈现凹形,式(5.15)的一阶导数和二阶导数分别满足凹函数的要求:

$$C_1' = (-1)\beta_1 + 2(-1)^2\beta_2(q-1) + 3(-1)^3\beta_3(q-1)^2 + \cdots + n(-1)^n\beta_n(q-1)^{n-1} < 0$$

$$C_1'' = 2(-1)^2\beta_2 + 6(-1)^3\beta_3(q-1) + \cdots + n(n-1)(-1)^n\beta_n(q-1)^{n-2} > 0$$

(2) 服务业中质量保证成本的构建——服务保证成本。服务保证成本是质量保证成本在服务业的体现,主要是为保证提供顾客满意的质量而产生的服务成本。

其特点是:随着服务质量的提高,质量保证成本也随之提高,当质量水平趋近于零缺陷时,服务保证成本达到一个定值,而不是传统质量成本理论中的无穷大。国内外学者对质量保证成本的研究中比较公认是基于指数函数的质量成本模型,因此本书也采用指数函数形式来表示服务质量保证成本,如下:

$$C_2(q) = cq^\lambda \quad (5.16)$$

式中,$q \in (0,1]$,同时式(5.16)满足 $c>0, 0<\lambda<1$,才能满足:

$$C_2'(q) = \lambda c q^{\lambda-1} > 0$$
$$C_2''(q) = \lambda(\lambda-1) c q^{\lambda-2} < 0$$

当 $q=1$ 时,获得最佳服务保证成本。

(3) 与顾客交互学习的经验影响成本。微观经济学中的学习曲线反映了单位成本随累积产量的增加而降低的关系为

$$Z(t) = Z(0) + \int_0^t x(s) \mathrm{d}s \quad (5.17)$$

式中,$x(s)$是企业的产量;式(5.17)表示累积经验 Z 在 t 时刻的状态。

服务业与顾客的接触较制造业更加频繁,对顾客感知价值和顾客满意更加关注,服务过程中的学习和经验的积累是影响质量成本的重要因素,也是服务企业动态质量改进的重要过程。因此本书将服务过程中的动态交互学习积累也看作影响质量成本的因素。Fine 将质量看作累积产量的权重,提出了质量经济性模型(Fine 1986),将式(5.17)扩展为

$$Z(t) = Z(0) + \int_0^t q(s) x(s) \mathrm{d}s \quad (5.18)$$

在服务业中,$x(s)$为服务发生频率;$q(s)$为质量水平。由式(5.18)可知,服务经验的积累即交互学习效应既受到累积服务发生数的影响,又受到质量水平的影响。

本书认为与顾客交互学习的经验通过服务保证成本发生作用,即随着服务经验的积累,服务保证成本会随之下降。这种思想符合 Fine 的第二种学习模型[86]。

综合以上三种服务成本因素,本书建立服务质量成本函数为

$$C(q,z) = C_1(q) + a(z) C_2(q) \quad (5.19)$$

式中,$a(z)$是经验积累学习效应,是一个递减的凹函数,其中 $z \in [0, \infty)$。进而式(5.19)转化为

$$C(q,z) = \beta_0 + (-1)\beta_1(q-1) + (-1)^2 \beta_2 (q-1)^2 + (-1)^3 \beta_3 (q-1)^3 + \cdots +$$
$$(-1)^n \beta_n (q-1)^n + c q^\lambda a(z) \quad (5.20)$$

由此,质量成本中

$$C \propto C_1 \quad C \propto \frac{1}{C_2} \quad C \propto \frac{1}{a} \quad (5.21)$$

即质量成本与服务失败成本成正比,与服务保证成本成反比,与同顾客交互学习成反比。

应当指出的是,质量成本的表现形式比较复杂,本书的推导意在以服务业为背景,分解质量成本的构成要素,并得出质量成本各组成因素的作用方向,以便于提供质量成本确定的依据。

5.2.3 质量经济性的作用机制

确定了质量收益和质量成本,下一步根据式(5.9)就可以确定质量净收益值。扩展服务质量屋中质量经济性维度的作用机制如图 5-4 所示。

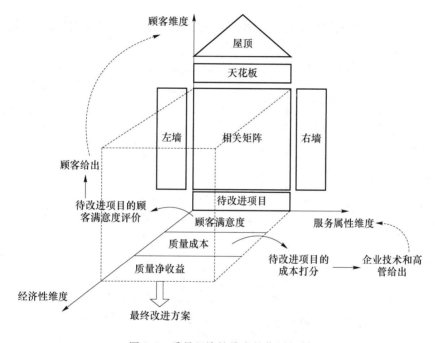

图 5-4 质量经济性维度的作用机制

根据式(5.10)~式(5.14)可知,质量收益与顾客满意呈正相关关系,因此实际运作质量屋过程中,用顾客满意度指标作为质量收益,从左墙的消费者调研便可以获得。这样处理的好处如下所述。

(1) 质量收益与顾客满意呈正相关关系,指标进行归一化之后,相关系数可以化简,因此顾客满意代表质量收益的偏差很小;

(2) 顾客满意水平可以从顾客调研中同时获得,使质量屋扩展面与左墙密切相连,提高了调研数据的使用效率,也增强了扩展质量屋的整体性。

质量成本的确定比较复杂,理论推导中虽然得出解析解模型,但各个参数的具体确定给未来的研究留下了空间。实际应用中,遵照理论模型的思想,根据式(5.21)从两个质量成本和一个影响因素的角度出发,采用访谈的方法确定具体数值。因为在没有确切数据依据的情况下,访谈方式虽然精度不高,但是对质量成本的整体性把握并不失偏颇。因此,本书中质量成本采用企业高层和服务技术人员遵照质量成本各因素影响的方向对改进项目的成本(包括时间成本、替代风险、技术成本等)所占总成本的比例进行估计的方法来确定。

5.3 基于结构方程系数的扩展服务质量屋的运行

基于上述质量屋方法的改进,完整的质量经济性扩展的服务质量屋运行的数学过程如图5-5所示。

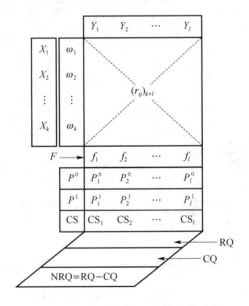

图 5-5 服务业质量屋运行的数学过程

令向量 $\boldsymbol{X}=(X_1,X_2,\cdots,X_k)^\mathrm{T}$ 为左墙顾客需求向量,其中,X_i 为第 i 种顾客需求,$i=1,2,\cdots,k$,顾客需求参数的数量为 $k,k=1,2,\cdots$。

顾客需求向量所对应的需求权重向量为 $\boldsymbol{\omega}=(\omega_1,\omega_2,\cdots,\omega_k)^\mathrm{T},k=1,2,\cdots$。该权重的确定可根据数据的性质,采用科学的赋权方法。

令向量 $\boldsymbol{Y}=(Y_1,Y_2,\cdots,Y_l)$ 为天花板服务属性向量,其中,Y_j 表示第 j 种服务属性,$j=1,2,\cdots,l$,服务属性的数量为 $l,l=1,2,\cdots$。

根据式(5.1)~式(5.6)求出顾客需求 X_i 与服务属性 Y_j 的相关系数 r_{ij},进而得出顾客需求与服务属性的相关系数矩阵 $\boldsymbol{R}_{k\times l}=(r_{ij})_{k\times l}$。

设服务属性重要程度向量为 $\boldsymbol{F}$，$\boldsymbol{F}=(f_1,f_2,\cdots,f_l)$，其中，

$$f_j=\sum_{i=1}^{k}\omega_i\times r_{ij},j=1,2,\cdots,l \tag{5.22}$$

令本企业的服务表现顾客评价向量为 P^0，对标企业的服务表现顾客评价序列为 P^1，即

$$P^0=(P_1^0,P_2^0,\cdots,P_l^0)$$
$$P^1=(P_1^1,P_2^1,\cdots,P_l^1)$$

其中，P_j^0 表示本企业第 j 个服务属性项目的表现评价；P_j^1 表示对标企业第 j 个服务属性项目的表现评价，$j=1,2,\cdots,l$。

令顾客对本企业的服务满意度评价向量为 $\text{CS}=(\text{CS}_1,\text{CS}_2,\cdots,\text{CS}_l)$，$\text{CS}_j$ 代表顾客对第 j 个服务属性的顾客满意评价，$j=1,2,\cdots,l$。

通过对比 (P^0,P^1,CS) 三个向量的关系，获得服务改进项目的初步决策方案向量为

$$\boldsymbol{G}=(G_1,G_2,\cdots,G_g),g=1,2,\cdots,\text{且 }g\leqslant l$$

式中，G_s 代表第 s 项服务待改进项目，$s=1,2,\cdots,g$，所确定的服务改进项目数量为 g。决策的原则为：F 集合中数值较大，同时 P^0 序列评价不高，而 P^1 序列表现比较好，并且 CS 序列满意度不高。

令 RQ 为质量收益向量，其中

$$\text{RQ}_s=\frac{\text{CS}_s f_s}{\sum_{s=1}^{g}\text{CS}_s f_s} \tag{5.23}$$

代表第 s 项服务待改进项目的质量收益，质量收益是一个归一化的求解过程，目的是为了与质量成本不同量纲的数量进行比较。

令 CQ 为质量成本向量，其中

$$\text{CQ}_s=\frac{\text{CQ}_s}{\sum_{s=1}^{g}\text{CQ}_s} \tag{5.24}$$

代表第 s 项服务待改进项目的质量成本，该式同样是对成本指标的归一化形式。

令 NRQ 为质量净收益向量，其中

$$\text{NRQ}_s=\text{RQ}_s-\text{CQ}_s,s=1,2,\cdots,g \tag{5.25}$$

代表第 s 项服务待改进项目的质量净收益，且

$$\begin{cases}\text{NRQ}_s>0,G=1\\\text{NRQ}_s<0,G=0\end{cases} \tag{5.26}$$

当 $G=1$ 时，表明该项目满足经济性要求，对其改进可获得正的经济效益；当 $G=0$ 时，表明该项目不满足经济性要求，对其改进不会获得正的经济效益。

5.4 服务质量屋的建模步骤

针对上述数学建模过程,从实践角度出发,梳理服务质量屋的建模步骤如下。

5.4.1 左墙——确定顾客需求和权重

顾客需求的提取是本书所改进的服务质量屋中重要的环节,一方面它所提供的数据是质量屋整体运行的起点和基础;另一方面它决定了质量屋运行的方向和质量。顾客需求的提取常用的做法是:现场询问调查、用户访谈调查、用户索赔信息、意见跟踪信息等。之后将得到的原始信息进行整理,从中提取出顾客声音(Voice of Customers)。这一过程常常采用 KJ 法进行,将这些错综复杂的需求信息进行层次化,使分析更具有结构特点。

针对服务型企业以顾客需求为导向的特点,本书设计了适用于改进的服务质量屋的顾客需求提取方法,作为应用服务质量屋的辅助创新内容。它的实施原则是:广泛并全面地听取顾客声音,做到信息完备但不累赘。因此本书在特定服务细分市场概念模型的基础上,将服务质量测评的经典量表——SERVQUAL 量表——引入顾客需求的提取过程中,基于两者的综合分析得出顾客需求的初步项目,接下来以初步确定的项目为基础设计问卷进行顾客调研,所获得的调研信息通过信度检验和效度检验之后,最终确定顾客需求项目。这一环节的实施采用如图5-6 所示的思路。

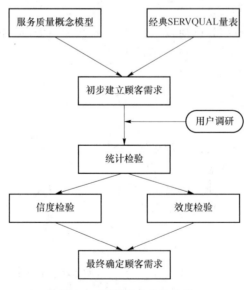

图 5-6 顾客需求提取流程

1. 初步确立顾客需求向量

顾客需求向量的提取首先建立在服务质量概念模型的基础上，概念模型能够全面反映服务的过程，是对顾客需求整体的把握，是分析的总纲。在概念模型的指导下，具体的需求指标采用目前应用较为广泛的 SERVQUAL 量表中的问项为备选项。由于 SERVQUAL 量表对于服务业有普遍的适用性，但是许多的文献研究证明（周涛，鲁耀斌，2007；黄国青，张会云，2007），SERVQUAL 量表在实际的应用中要针对具体的行业对问项进行修改，这样才能有较好的效果。因此本书采用两者结合来初步建立顾客需求项目。

2. 最终确定顾客需求向量

对初步构建的顾客需求项目进行用户调研，调研是顾客需求提取中重要的环节，通过调研才能体现该服务的特点，真正体现顾客声音。调研数据的统计处理运用信度和效度检验，之后结合现实情况对检验数据进行调整，最终形成有效的顾客需求项目，进而形成顾客需求向量。

关于指标体系权重的确定方法目前的研究已经很多，参见本书的第二章质量屋改进方向的权重确定部分。在实际运行质量屋的过程中，根据数据的性质和获取方式选择科学客观可行的方法赋权。

5.4.2 天花板——确定服务属性

服务技术参数的选择是确定未来改进项目的重要依据，它们一方面联系顾客需求，另一方面又与竞争性指标及评价密切相关。天花板的设计要能够反映所提供的服务成效和质量，因而实践中必须结合顾客需求，将顾客需求的每一项进行展开，并结合行业标准确定天花板的项目，这样才能够做到有针对性地反映顾客需求，也为服务质量的改进提供保证。

5.4.3 屋体——确定相关矩阵

相关矩阵是本书所重点探讨的创新问题之一，根据第 5.1 节的改进原理，运行式(5.1)~式(5.6)。实际操作中以第 5.4.1 小节中所建立的顾客需求项目二级指标作为外生观测变量，一级指标作为外生潜变量，以第 5.4.2 小节中采用的天花板服务属性项目二级指标为内生观测变量，一级指标为内生潜变量，进行结构方程建模。如果左墙和天花板的一级指标和二级指标层次划分并不清晰，需要对左墙顾客需求和天花板服务属性项目分别进行因子分析，规范条目的指标层次，之后再构建结构方程模型，如图 5-7 所示。

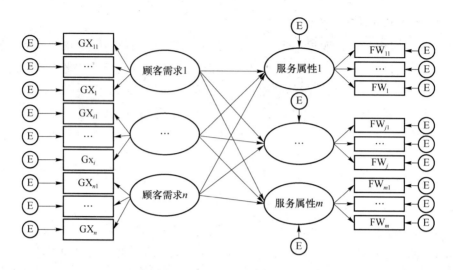

图 5-7 服务业质量屋相关矩阵结构方程模型

通过各变量之间的系数,根据式(5.6)确定相关系数 R_{ipjq},形成相关系数矩阵。从相关关系矩阵的分布可以看出初始设置的顾客需求与服务质量属性是否合理,若不合理,则进行并行的修改。

5.4.4 地板——初定服务改进项

服务质量属性的重要程度根据式(5.22)求得。

根据行业专家和顾客小组对竞争对手在服务质量属性项目表现的评价,选择重要程度高且本企业明显劣于竞争对手的项目,或本企业虽有充分的硬件支持和潜能但却没有明显高出竞争对手的项目,并且所选择的改进项目的顾客满意度还有提升的空间。

在传统质量屋中,地板及其延伸部分地下室是质量屋运行的终点,通过计算技术竞争性指标,参考竞争对手的相关得分和服务属性重要度,确定改进项目。而在本书所提出的改进方法中,地板的主要目的是初步确定服务改进方案,为后续的质量经济性评价奠定基础。

5.4.5 平展面——评价质量经济性

将质量经济性评价引入质量屋是本书的第二个理论创新,根据式(5.23)~式(5.26)予以实施。

从理论基础来看,基于前面的经济性分析,服务业质量收益与顾客满意之间存在正向关系,用顾客调研中所得的顾客满意水平能够衡量质量收益的方向和相对大小。从现实情况来看,服务业顾客参与和异质性的特点决定了服务质量评价的复杂性,顾客在服务过程中扮演了重要的角色,顾客所感知到的满意程度是服务业最为关注的改进目标。因此本书的质量收益采用归一化后的顾客满意水平。

质量成本的确定目前还是一个复杂的过程,精确计算质量成本数值难度比较大,本书在成本分解的基础上,推导出影响成本的因素及其作用方向。基于此,本书的质量成本确定主要根据质量改进项目的成本(包括时间成本、替代风险和技术成本等)占总成本的比例进行估计,估计的原则依据本书推导的影响因素及其方向。最后为了避免不同量纲的数值比较,对成本项目进行归一化。

最终根据式(5.9)得到被选项目改进的质量净收益值,为服务项目组合的改进优化提供依据。

5.5 三维协同服务质量屋的扩展

5.5.1 参数设计

从本质来说,质量屋思想是利用维度之间的相互关系,解决维度融合问题从而进行综合决策的分析工具。我们可以将维度融合的思想从协同的角度去理解,可以定义为如下的数学过程。

定义1 质量屋中待测关系的两方成为实体变量,其中:
$\boldsymbol{X}_1 = (x_{11}, x_{12}, \cdots, x_{1n})$为一个$n$维实体变量,代表着待测关系的其中一方;
$\boldsymbol{X}_2 = (x_{21}, x_{22}, \cdots, x_{2m})$为一个$m$维实体变量,代表着待测关系的另一方。

定义2 $\boldsymbol{A} = (a_1, a_2, \cdots, a_k)$,其中$k$是大于或等于1的整数,代表连接两个待测关系变量的中间变量。

需要解决的问题如图5-8所示。

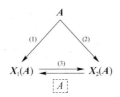

图5-8 变量关系

实体变量空间$\boldsymbol{X}_1$和$\boldsymbol{X}_2$以中间变量$\boldsymbol{A}$为连接纽带,分别与$\boldsymbol{A}$的相互作用之后即(1)和(2)过程,带有$\boldsymbol{A}$的信息。而此时$\boldsymbol{X}_1$和$\boldsymbol{X}_2$之间的关系便通过$\boldsymbol{A}$得以传

递,实现过程(3)。上述分析中的三个过程,实践中要遵循一定的解决顺序。

5.5.2 三维质量屋建模

三维质量屋是在原有二维质量屋的基础上,以问题导向为依据,可以将过程(1)和(2)并行完成,共同为过程(3)提供准备工作。

定义 3 $\alpha_{ij}(i=1,2,\cdots,k;j=1,2,\cdots,n)$ 为实体变量 X_1 与关系变量 A 之间的相关关系;

$\beta_{iq}(i=1,2,\cdots,k;q=1,2,\cdots,m)$ 为实体变量 X_2 与关系变量 A 之间的相关关系;ω_i 为相关变量 A 的权重.

定义 4 设 $C=(c_1,c_2,\cdots,c_n)$ 为实体变量 X_1 的综合向量,根据质量屋的运行原理:

$$c_j = \sum_{i=1}^{k} \alpha_{ij}\omega_i \quad (j=1,2\cdots,n) \tag{5.27}$$

$D=(d_1,d_2,\cdots,d_m)$ 为实体变量 X_2 的综合向量,则有:

$$d_q = \sum_{i=1}^{k} \beta_{iq}\omega_i \quad (q=1,2,\cdots,m) \tag{5.28}$$

三维质量屋模型如图 5-9 所示。

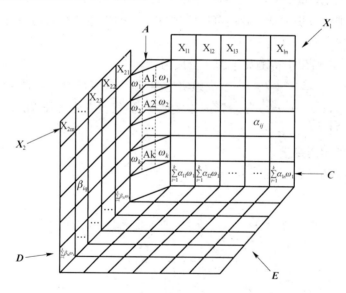

图 5-9 三维质量屋模型

在图 5-9 所示的三维质量屋实现了以 A 为中间变量,连接 X_1 和 X_2 的过程。单独维度的质量屋运营机理与二维相同,得到实体变量 X_1 和 X_2 的综合向量 C 和

D,它们就是包含了中间变量 A 中信息的两个新向量,为 X_1 和 X_2 的协同计算奠定了基础。

定义 5 设 E 为三维质量屋中 $m\times n$ 阶的地面关系矩阵,则

$$E = D_{1\times m}^{\mathrm{T}} \cdot C_{1\times n} \tag{5.29}$$

此时,E 中同时融入了 X_1 和 X_2 的信息。

至此三维质量屋构建完成,具体的实践问题中,E 作为一个矩阵的形式存在,其包含的信息量较大,处理方式灵活,可针对实际问题对其进行分析并赋予其实践的含义。

5.6 本章小结

承接第四章所提出的服务业质量屋改进的重点,本章提出了基于结构方程系数的服务业三维质量屋和三维协同服务质量屋。对于基于结构方程系数的服务业三维质量屋,详细分析了对屋体相关矩阵采用结构方程建模的可行性,构建了以结构方程系数为核心的相关矩阵,并讨论了参数估计问题,避免了对专家经验的过度依赖和部分调研信息的浪费等问题;对经济性的扩展建立在质量净收益的确定方法之上,分析了质量收益与顾客满意的关系,分解了质量成本的组成,为质量经济性的评价奠定了基础,全面考虑了公司价值最大化和整体化。在此基础上,对改进的三维服务业质量屋进行了数学建模并梳理了改进的服务质量屋的运行过程,运行中提出了应用质量屋过程的辅助创新——顾客需求的提取。

同时本章还针对服务质量与产品质量的协同问题构建了三维协同服务质量屋,将有效地解决当今工业互联网时代的智慧制造与智慧服务的协同效率评价问题。

本章所建立的服务业三维质量屋对于服务业具有普遍的适用性,然而涉及具体行业则需要以相关细分市场的调研数据为基础进行计算。案例分析见第六章的内容。

第三部分 案例应用篇

第6章 基于结构方程系数改进服务质量屋应用
——移动通信服务实例

本章是基于上文中所提出的服务业质量屋改进方法在移动通信服务业的案例应用,目的是以具体行业为背景,为服务业质量屋提供一个可操作的范例,以便于在实践中检验方法的可行性和改进的效率。

6.1 案例分析总体框架

本案例以移动通信服务业为背景,首先进行数据收集,为质量屋构建作准备;之后按照改进质量屋的运作顺序实践方法,得出相应改进建议;最后全面展示所建立的服务质量屋,给读者以整体全面的认识。服务质量屋的运行过程如图6-1所示。

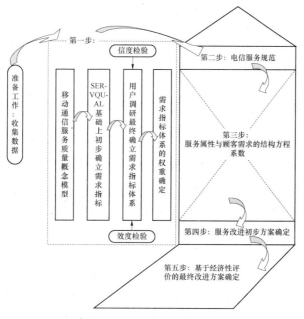

图6-1 移动通信服务质量屋运行过程

6.2 移动通信服务质量

目前国内外关于移动通信服务的研究集中在消费者行为方面的实证分析。如移动服务消费者的满意度和忠诚度、移动服务资费与移动服务消费者行为之间的关系和技术采纳模型。

6.2.1 消费者满意度和忠诚度

满意度和忠诚度是服务质量的两个结果，对移动通信运营商来说，这两个指标是改善服务质量、提升服务竞争力的关键。移动服务消费者的满意度和忠诚度方面的研究主要有：Ranganathan(2006)等采用实证研究的方法研究了转换成本对顾客满意和顾客忠诚的中介作用，认为顾客对移动通信运营商的转换行为受到服务时间、捆绑业务、年龄和性别的影响；Turkyilmaz 和 Ozkan(2007)通过对土耳其移动通信消费者的研究建立了移动电话服务的顾客满意度指数模型，该模型包括顾客期望、感知质量、企业名誉和感知价值；Sohn 和 Lee(2008)将顾客流失的原因总结为定价、基本通信质量和服务的效用三种。对移动通信商来说能留住顾客的影响因素包括转换成本、顾客满意度和人口特性；Lai(2009)以中国电信业为背景研究了质量、价值、形象和满意是如何创造出顾客忠诚的，得出了以上四因素的相互影响及与顾客忠诚之间的影响关系的结论；Chen 和 Katz(2009)对大学生使用手机的动机进行了研究，认为大学生与家人联系的动机出于履行家庭责任，同时还能享受家人对自己的物质和精神上的支持。

6.2.2 服务提供和消费者行为之间的关系

盛攀峰(2007)认为电信产业具备网络效应、规模经济、范围经济性和全域生产性的特点。对于移动通信来说，网络建成之后，运营商的边际成本接近于零，因此竞争的焦点在于市场份额。

Gerpott(2009)研究了消费者对于套餐选择的偏差问题，结果表明，消费者按照实际使用量来付费往往比套餐付费更少，也就是说消费者对套餐的优惠性有较高的估计。

关于消费者对于移动通信资费价格的敏感度问题，Munnukk(2008)认为，话费使用量是影响消费者对价格敏感度的重要因素，另外还包括消费者的价格感知、创新性水平等因素。通过对芬兰移动通信消费者的研究表明：话费量处于两端的消费者即话费量较少或较多的消费者对价格表现出极大的敏感性,而话费量居中的消费者对价格反应并不十分敏感。

在国内外为数不多的关于移动通信服务测度方面的研究中,张龙等(2009)从中国移动和中国联通两家公司选取了 217 份有效样本,采用部分分散技术建立了移动证券服务的多维度、多层次模型,企业形象作为调节变量,得出了对环境质量与服务质量之间和结果质量与服务质量之间的关系具有显著的调节作用,但对于交互质量和服务质量之间的调节作用不显著的结论。

6.2.3 基于技术采纳模型的研究

技术采纳模型(Technology Acceptance Model,TAM)是 Davis 等学者提出的。该模型引入了"感知有用性"和"感知易用性"两个概念。所谓感知有用性是指人们相信特定的信息系统能够提高工作绩效和工作效率;感知易用性是指人们使用特定的信息而且不需要付出太多的努力便可以达到预定的工作效果。后来学者们(Munnukka,2007;Jeong,2009;Kuo & Yen,2009)对该模型进行了进一步研究,使移动服务消费者行为集中于消费者采纳。

综合来看,国内外学者对移动通信服务的研究以定量研究和实证研究为主。研究的领域也涉及运营商的服务提供、消费者的服务感知、移动通信的服务质量维度和服务传递等方面。从研究的趋势来看,未来移动通信服务领域的研究可能在原有研究结论的基础上,①增加对移动通信服务质量评价和分析方法的研究,为科学决策提供依据;②更加关注顾客感知价值和顾客满意之间差距的缩小,以提高服务满意和顾客忠诚;③将会对更加细分的移动通信客户的消费行为特征进行研究,以便推出更具个性化,符合消费者偏好的服务项目。

6.3 移动通信服务质量屋的构建

移动通信业属于连续性的服务业,客户与运营商之间是一种长期的合作关系。作为现代服务业的代表,移动通信业运营商提供的服务具有以下特性(周寄中等,2009)。

(1) 产品不具有实物形态。这是现代服务业共有特征,也是服务经济的特点。无形的服务增加了管理的复杂性和不确定性,也为个性化服务和服务创新创造了机会。

(2) 生产与消费在时间上的等一性。用户对移动通信服务的消费是与产生这种消费的移动运营商前后台服务同时进行的,服务的质量体现在每一次消费的体验过程中,生产与消费在时间上是同时的。

(3) 不可存储性。移动通信的消费瞬时产生的,服务不能被存储,随着消费的结束,该项目的服务过程也就结束了。

(4) 相互替代性。包括移动通信与其他通信产品的相互替代,如手机与 IC 电话,手机与固定电话的替代,还包括消费者对各移动运营商的选择等。

(5) 产品的复杂性。产品的复杂性从两个方面体现:其一是服务产品的种类随着市场的进一步细分不断增多,产品系列十分广泛;其二是顾客感知和顾客满意较难把握,需要更加深入的客户调研。

6.3.1 数据调研

考虑到案例分析的数据获取难度,本书以南京高校移动通信服务市场为研究对象,对 A 公司移动通信服务实践改进的三维服务质量屋进行案例分析。通过改进的方法,提取顾客需求,建立相关矩阵,并从三维角度考虑服务质量改进的方案,更有利于企业整体价值的提升和消费者效用的提高。

本书所改进的服务质量屋的最大特点是以顾客需求为导向,本着从顾客中来最终服务顾客的原则,进行了包含顾客、厂商相关人员在内的较大范围的调查,以使服务质量改进决策更加客观和有说服力,同时也避免了对专家经验的过度依赖和脱离市场需求的通病。根据三维服务质量屋的原理,案例中的数据需求如表 6-1 所示。

表 6-1 数据调研清单

功能	数据需求项目	数据来源	获取方式
左墙	(1) 针对细分市场提取顾客需求	顾客	问卷调查
	(2) 细分市场的顾客需求权重	顾客	问卷调查
相关矩阵	(3) 服务属性项目的重要程度打分	公司人员、顾客	问卷调查
地板	(4) 本企业和竞争对手的表现	公司人员、顾客	座谈
扩展面	(5) 服务属性的顾客满意度	顾客	问卷调查
	(6) 所要改进项目的质量成本	公司管理人员	高阶访谈

在此基础上分别设计调查问卷,选定调研范围。为了提高调研的效率,对调研尽量进行合并,将(1)、(2)、(3)、(5)四项与顾客有关的调研合并在一次调研中完成;第(4)项访谈的结果尽量在调研中采集数据。调研计划如表 6-2 所示。详细的调查问卷见附件 1 和附件 2,问卷的发放和回收情况见附件 3。

表 6-2 调研计划

数据收集对象	形式	对质量屋构建的贡献
顾客	附件 1	左墙、相关矩阵的顾客部分、扩展面
公司内部人员	附件 2	相关矩阵的服务属性部分
顾客与公司人员小组	座谈	地板部分本企业和竞争对手企业的表现
公司管理人员	访谈	扩展面质量成本

6.3.2 建立左墙——顾客需求提取及权重确定

1. 概念模型

学生用户和移动通信运营商（中国移动、中国联通和中国电信的移动通信业务）的交互作用形成一定的反馈机制，通过非线性和耦合的作用，将学生用户的需求与移动通信运营商联系在一起，形成动态过程，移动通信服务概念模型如图 6-2 所示。

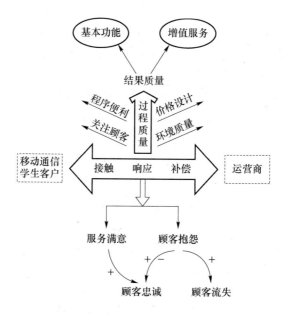

图 6-2 移动通信服务质量概念模型

（1）接触、响应和补偿——概念模型的基本面。学生用户与移动通信运营商之间通过接触、响应和补偿建立起基本的交互机制，构成了服务的前台。学生用户到营业厅或移动运营商的网站办理各种业务获得运营商的相关服务，即通过接触面与运营商发生接触；移动运营商对顾客要求所做出的反应称为响应，响应涉及速度、准确度等；而对于不满意的服务顾客会产生抱怨，运营商能够灵活及时地提出补偿的方案，使顾客抱怨转换成为顾客忠诚的过程称为补偿。接触、响应和补偿三种效应在用户与运营商之间相互学习，信息流通，形成反馈机制，构成概念模型的基本面。

（2）服务质量——概念模型的上半部分。从服务质量的角度来说，根据格罗鲁斯的观点，服务质量可以划分为过程质量和结果质量，这两部分构成了概念模型的上半部分。

第一，过程质量。通过价格设计、环境质量、程序便利和顾客关注四个维度体现。

① 价格设计。随着移动通信设备普及率的提高，空白的市场份额已经很少，移动运营商的竞争焦点转移到对原有顾客的保留和对竞争对手客户的争夺之上。再加之学生用户由于其经济没有独立，对价格的敏感性较大。价格是最好的竞争工具，也是消费者群体在面向基本功能差异化不大的移动运营商时所重点考虑的因素，因此价格设计是学生用户中移动通信过程质量的重要内容。

② 环境质量。年轻一代的学生用户是引领科技消费的前沿，随着通信业技术的突飞猛进和消费时代的到来，学生用户对服务的体验性和新鲜感要求越来越高，营业厅的各种体验性设计和具有时代感的装饰等环境质量也是过程质量的组成部分。这部分需求也成为移动运营商差异化经营所关注的重点。

③ 程序便利。办理各种业务的便利性，也是学生用户选择和转换运营商的一个重要原因，如营业网点设置的位置、办理业务的排队等待时间等，这些因素构成程序便利性指标，从一个侧面影响着服务的过程质量。

④ 顾客关注。运营商对学生顾客的关注，如处理顾客抱怨、客户服务热线的接通率等会在一定程度上决定顾客的保留率，也是影响过程质量的重要因素。

第二，结果质量。由于服务的复杂性，服务的过程质量对整体服务质量的测评能起到关键的作用。但是结果质量，即学生用户在服务中所得到的基本功能和增值服务是运营商基本的职责，体现了服务后台的运营情况，也是衡量服务质量不可或缺的部分。

① 基本功能是移动通信设备所具有的使用价值的体现，尽管目前基本功能的差异已经逐渐消失，但是基本功能却是服务质量中"当然质量"的核心内容，是顾客需要的根本内容。

② 移动通信的增值服务包括短消息、小区广播、移动电子邮件、手机证券、手机银行、移动 QQ、移动办公和移动会议电话等。这部分构成了移动运营商之间后台竞争的焦点，也是前台服务的主要卖点，在校园市场尤为突出。

（3）服务质量感知——概念模型的下半部分。通过上述的服务过程和服务结果,学生用户对移动通信的服务质量感知基本形成,服务质量是顾客满意的前置因素,这一观点已经被学术界广泛接受;顾客满意是顾客忠诚的前置因素,其也已被普遍认同,服务质量的提高是实现顾客忠诚并为企业带来经济效益的源头[91]。移动通信服务活动能够产生顾客满意和顾客抱怨两种效果,顾客抱怨如果处理得当也能够形成顾客忠诚,然而顾客抱怨如果处理失败则会造成顾客流失。可见,顾客质量感知是基本面以及过程质量和结果质量共同作用所产生的结果。

移动通信服务质量的概念模型以服务基本面为中心,形成上下两个部分,上半部分是服务过程质量和过程所产生的结果质量;下半部分是服务质量产生的顾客感知结果。概念模型遵循从原因到结果,从结果引出影响的逻辑,中间融入了服务质量管理理论并结合移动通信服务业的行业特点,是移动通信服务质量测评标尺建立的基础。

2. 基于 SERVQUAL 量表的移动通信服务质量测评体系初步构建

基于以上校园移动通信服务质量概念模型的分析,本书提出校园移动通信服务质量的测度标尺,从基本功能、价格设计、增值服务、程序便利、环境质量和关注顾客六个角度进行衡量。指标的内涵结合经典的 SERVQUAL 量表的内容进行修改,又分别与量表内容相对应,保证视角的完备性和独立性。

在对 SERVQUAL 量表改进的基础上,最终形成移动通信服务质量测度的初步指标体系,如表 6-3 所示。

表 6-3 移动通信服务质量测度标尺及与 PZB 模型的对照

指标	指标内涵	与 PZB 比较
基本功能	呼叫时网络服务是否连续通畅,拨通是否及时无障碍;	可靠性
	接听时语音是否清晰、流畅、无间断、无串线	可靠性
价格设计	计费准确性;	可靠性
	计价合理性;	可靠性
	计费是否透明,没有出乎意料的业务消费	可靠性
增值服务	服务人员是否及时让顾客了解各项业务套餐内容;	保证性
	增值服务是否确实为生活带来了便利	关怀性
程序便利	营业厅业务办理手续是否简单;	有形性
	公司提供营业时间是否便利;	关怀性
	公司提供营业点的便利程度;	关怀性
	排队时间的长短;	响应性
	缴费方式和话费查询的方便程度	关怀性

续 表

指标	指标内涵	与 PZB 比较
环境质量	员工穿着整齐性和仪表形态;	有形性
	营业厅员工态度;	保证性
	营业厅环境轻松程度,体验性强弱;	有形性
	服务人员服务效率	保证性
关注顾客	公司是否对顾客需求能充分理解;	关怀性
	顾客投诉是否能及时解决;	响应性
	是否能在承诺的时间内提供适当服务;	响应性
	客户服务热线的接通率和服务态度	响应性

3. 数据检验

此部分的数据收集主要是发放调查问卷,以 A 移动通信公司在南京高校的学生客户为主要调研对象。主要是让顾客填写附件 1 的第一部分和第二部分,以第一部分为主。

(1) 信度检验。通过计算上述校园移动通信服务质量测量标尺六个维度以及标尺整体的 cronbach-α 系数,结果表明(如表 6-4 所示),各维度以及整体标尺具有良好的信度。

表 6-4 各维度及整体的信度检验

维度	cronbach-α	项数
基本功能	0.829	2
价格设计	0.848	3
增值服务	0.701	2
程序便利	0.824	5
环境质量	0.761	4
关注顾客	0.857	4
整体标尺	0.901	20

(2) 效度检验。

① 内容效度。本书所设计的校园移动通信业服务质量测量尺度是依据对移动通信业在校园市场的分析所建立的概念模型,并进一步对概念模型中各服务维度进行扩展,各问项是以 PZB 的 SERVQUAL 量表为基础结合校园移动通信业的行业具体特点进行改进得到的。问卷的内容效度得到了很好的保证。

② 结构效度。采用 spss17.0 版本对样本数据进行验证性因子分析。设定服务质量测评标尺为六个维度。取样足够度的 Kaiser-Meyer-Olkin 度量为 0.896,

球形检验效果也符合因子分析的要求,采用主成分分析法提取因子,最大方差法进行因子旋转。第一次以特征根大于1为提取的标准,共提取因子4个,累计贡献率为81.01%,考虑到累计贡献率较低,并且因子5的特征根也接近于1,是0.926,因此考虑第二次提取5个因子,累计贡献率达到85.37%。因子分析结果如表6-5所示。

表6-5 因子分析结果

指标	旋转成分矩阵a				
	价值需求	关注顾客	程序便利	环境质量	增值服务
基本功能1	**0.798**	0.165	0.024	0.066	−0.037
基本功能2	**0.800**	0.081	0.159	0.056	−0.057
价格设计2	**0.790**	0.052	0.095	0.138	0.138
价格设计3	**0.719**	0.189	0.143	0−.038	0.235
增值服务1	0.322	0.289	0.298	0.062	**0.736**
增值服务2	0.125	0.241	0.315	0.269	**0.719**
程序便利1	0.263	0.259	**0.594**	0.124	0.192
程序便利2	0.050	0.231	**0.696**	0.265	0.194
程序便利3	0.129	0.197	**0.838**	0.091	0.088
程序便利4	0.040	0.195	**0.768**	0.185	0.128
程序便利5	0.177	0.398	**0.567**	0.088	0.063
环境质量1	−0.007	0.156	0.233	**0.828**	0.267
环境质量2	0.251	0.390	0.328	**0.624**	−0.142
环境质量3	0.243	0.366	0.405	**0.559**	−0.246
环境质量4	0.016	0.457	0.298	**0.670**	0.136
关注顾客1	0.103	**0.682**	0.189	0.346	0.117
关注顾客2	0.089	**0.782**	0.251	0.129	0.112
关注顾客3	0.201	**0.795**	0.253	0.110	0.098
关注顾客4	0.177	**0.787**	0.227	0.067	0.152

注:表中黑体数字代表归属于同一维度的指标。

因子分析要求载荷到同一因子的得分大于0.5,且越大越好;而同一问项的其余载荷得分要小于0.45且越小越好。通过因子分析结果,服务质量六个维度分别载荷到了5个因子上,其中基本功能和价格设计载荷到了同一个因子上,由于基本功能体现了移动通信的使用价值,而价格设计在某种程度上表现为价值,因此可将这两个问项进行合并,命名为价值需求。增值服务两项载荷到了因子6上,因此将因子6命名为增值服务;程序便利5个问项载荷到了因子3,因此命名为程序便利;环境质量的4个问项载荷到了因子5,因此将因子5命名为环境质量;关注顾客4个问项载荷到了因子2,命名为顾客关注。

从检验结果来看,各维度的载荷效果较好,证实了概念模型中的结构效度。

4. 顾客需求指标体系最终确定及权重

经过对初步调研数据的检验,最终确定顾客需求指标体系。由于调研中已涉及对顾客需求重要程度的打分,因此指标体系的权重确定采取将顾客调研中关于顾客需求重要程度的数据逐项加总之后归一化的方法。最终得到校园移动通信服务顾客需求指标体系及权重,如表6-6所示。

表6-6 校园移动通信服务质量的顾客需求指标体系

指标	指标内涵	权重
价值需求	F1 呼叫时网络服务是否连续通畅,拨通是否及时无障碍	0.198
	F2 接听时语音是否清晰,流畅,无间断,无串线	0.099
	F3 计费准确性	0.057
	F4 计价合理性	0.025
	F5 计费是否透明,没有出乎意料的业务消费	0.057
增值服务	F6 服务人员是否及时让顾客了解各项业务套餐内容	0.029
	F7 增值服务是否确实为生活带来了便利	0.017
程序便利	F8 营业厅业务办理手续是否简单	0.114
	F9 公司提供营业时间是否便利	0.049
	F10 公司提供营业点的便利程度	0.018
	F11 排队时间的长短	0.008
	F12 缴费方式和话费查询的方便程度	0.006
环境质量	F13 员工穿着整齐性和仪表形态	0.038
	F14 营业厅员工态度	0.057
	F15 营业厅环境轻松程度,体验性强弱	0.043
	F16 服务人员服务效率	0.026
顾客关注	F17 公司是否对顾客需求能充分理解	0.004
	F18 顾客投诉是否能及时解决	0.036
	F19 是否能在承诺的时间内提供适当服务	0.009
	F20 客户服务热线的接通率和服务态度	0.109

6.3.3 建立天花板——移动通信服务质量指标的抽取

天花板是确定未来改进项目的重要依据,一方面联系顾客需求,另一方面又与竞争性指标及评价密切相关。天花板的设计能够反映质量屋的成效和质量,因而实践中必须结合顾客需求,将顾客需求的每一项进行展开,结合行业标准确定天花板的项目,这样就能够做到有针对性地反映顾客需求,也为服务质量的改进提供保证。

由国家信息产业部第八次部务会议审议通过并于 2005 年 4 月 20 日起实施的《电信服务规范》升级了对电信业服务质量的要求,对于目前我国电信行业市场上出现的热点问题进行规定。《电信服务规范》[92]中关于移动通信服务质量的指标包括服务质量指标和通信质量指标,以此为基础结合相关文献[92]研究和高阶访谈的结果,将移动通信服务属性指标概括为下列 21 项指标,如表 6-7 所示。

表 6-7 移动通信服务属性指标

服务属性维度	编号	服务属性指标
速度指标	A	复话时间
	B	业务变更时限
	C	通信障碍复修时限
	D	电话号码冻结时限
	E	人工短消息应答时限
效率指标	F	接通率
	G	可接入率
	H	拨号后延时
	I	通话中断率
	J	计费差错率
	K	无线通道拥塞率
	L	点对点消息发送成功率
有形质量	M	员工态度
	N	员工专业度
	O	业务等待时限
	P	现场管理灵活度
	Q	业务受理平均时限
	R	营业厅服务环境
	S	营业时间
增加项	T	价格措施
	U	新业务宣传

6.3.4 构建屋体——校园移动通信顾客需求与服务属性相关矩阵

将服务质量需求的价值需求、增值服务、程序便利、环境质量和顾客关注五个维度作为外生潜变量,其测量变量为顾客需求的 20 个问项(如表 6-6 所示);以服务质量属性的速度指标、效率指标、有形质量和增加项四个维度作为内生潜变量,其测量变量为《电信服务规范》中的相关问项(如表6-7所示)。构建结构方程模型如图6-3所示。

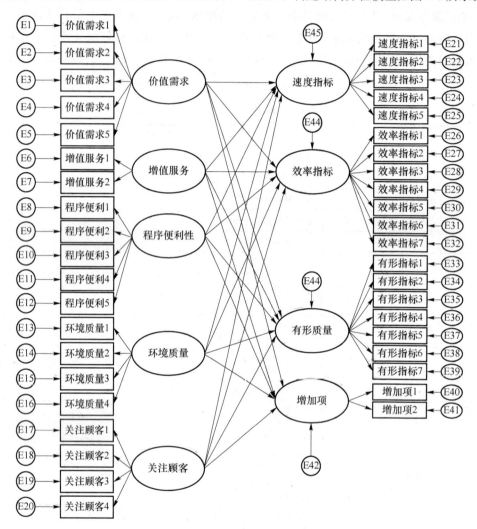

图6-3 构建结构方程模型

通过AMOS软件进行分析,得到各潜在变量间的关系,再通过潜在变量与显性变量的关系得到最终的相关矩阵。

外生潜变量为 $\xi_i(i=1,2,3,4,5,6)$,与其对应的外生潜变量的显性测量变量之间的关系为 ρ_{ip};内生潜变量为 $\eta_j(j=1,2,3,4)$,与其对应的内生潜变量的各自的测量变量之间的关系为 μ_{jq};外生潜变量与内生潜变量之间的关系为 γ_{ij}。则根据式(5.6),本例的计算结果如表6-8所示。

第6章 基于结构方程系数改进服务质量屋应用

表6-8 顾客需求与服务属性相关系数

顾客需求	服务属性	速度指标 A	B	C	D	E	F	效率指标 G	H	I	J	K	L	有形质量 M	N	O	P	Q	R	S	增加项 T	U
价值需求	F1	0.198	0.24	0.27	0.21	0.25	0.27	0.35	0.39	0.35	0.30	0.39	0.35	0.39	0	0	0	0	0	0	0	0	0
	F2	0.099	0.27	0.31	0.24	0.28	0.31	0.39	0.44	0.40	0.34	0.44	0.40	0.44	0	0	0	0	0	0	0	0.25	0.29
	F3	0.057	0	0	0	0	0	0.01	0.01	0.01	0.01	0.01	0.01	0.01	0	0	0	0	0	0	0	0.39	0.44
	F4	0.025	0	0	0	0	0	0.02	0.02	0.02	0.02	0.02	0.02	0.02	0	0	0	0	0	0	0	0.34	0.38
	F5	0.057	0	0	0	0	0	0.02	0.02	0.02	0.02	0.02	0.02	0.02	0	0	0	0	0	0	0	0.12	0.13
增值服务	F6	0.029	0	0	0	0	0	0	0	0	0	0	0	0	0.10	0.10	0.10	0.10	0.12	0.12	0.09	0.13	0.15
	F7	0.017	0	0	0	0	0	0	0	0	0	0	0	0	0.12	0.12	0.12	0.12	0.14	0.14	0.11	0	0
	F8	0.114	0	0	0	0	0	0	0	0	0	0	0	0	0.27	0.26	0.27	0.27	0.30	0.30	0.23	0	0
	F9	0.049	0	0	0	0	0	0	0	0	0	0	0	0	0.24	0.24	0.24	0.24	0.27	0.27	0.21	0	0
程序便利	F10	0.018	0	0	0	0	0	0	0	0	0	0	0	0	0.26	0.26	0.26	0.26	0.29	0.30	0.23	0	0
	F11	0.008	0	0	0	0	0	0	0	0	0	0	0	0	0.27	0.26	0.27	0.27	0.30	0.30	0.23	0	0
	F12	0.006	0	0	0	0	0	0	0	0	0	0	0	0	0.26	0.26	0.26	0.26	0.29	0.30	0.23	0	0
环境质量	F13	0.038	0	0	0	0	0	0	0	0	0	0	0	0	0.30	0.29	0.30	0.30	0.33	0.34	0.26	0	0
	F14	0.057	0	0	0	0	0	0	0	0	0	0	0	0	0.39	0.39	0.39	0.39	0.44	0.45	0.34	0	0
	F15	0.043	0	0	0	0	0	0	0	0	0	0	0	0	0.38	0.37	0.38	0.38	0.42	0.43	0.33	0	0
	F16	0.026	0	0	0	0	0	0	0	0	0	0	0	0	0.39	0.38	0.39	0.39	0.43	0.44	0.34	0	0
关注顾客	F17	0.004	0.14	0.16	0.12	0.14	0.16	0.14	0.14	0.14	0.12	0.16	0.14	0.16	0.24	0.24	0.24	0.24	0.27	0.28	0.21	0	0
	F18	0.036	0.13	0.14	0.11	0.13	0.14	0.13	0.13	0.13	0.11	0.14	0.13	0.14	0.22	0.22	0.22	0.22	0.24	0.25	0.19	0	0
	F19	0.009	0.11	0.12	0.10	0.11	0.12	0.11	0.11	0.11	0.10	0.12	0.11	0.12	0.19	0.19	0.19	0.19	0.21	0.22	0.16	0	0
	F20	0.109	0.13	0.14	0.11	0.13	0.14	0.13	0.13	0.13	0.10	0.14	0.13	0.14	0.22	0.22	0.22	0.22	0.24	0.25	0.19	0	0

注:在表6-8中,横向的A,B,…,U代表服务属性项目,纵向的F1,F2,…,F20代表顾客需求。

从表 6-8 可以看出：

（1）价值需求在因子分析合并后的前两项和后三项在部分项目中表现出了分离性，但总体来说，具有统一性。这一点也表明因子分析的项目合并通过了实践的检验。价值需求各项与效率指标的关联很大，但与有形质量无关联。主要原因是，价值需求是移动服务最基本需求的体现，它依托于服务技术属性，这种纯功能性指标以无形性为特点自然就与有形质量关联不大。

（2）与此相反，增值服务却以软功能为主要表现方式，同服务属性中的有形质量和增值项之间有联系，而与速度指标和效率指标没有关联。可见，价值需求和增值服务从不同的侧面分别展现了顾客需求对服务企业的服务要求。

（3）程序便利和环境质量都只与有形质量有关联，而与其他服务属性无关。从这一点来看，服务的有形性方面在非功能性的顾客感知中起到重要的作用。

（4）关注顾客体现了除增加项以外的所有服务属性项目。从技术性指标到服务性指标，对顾客的关注均贯穿服务企业服务属性的各个方面。因为只有将顾客的需求作为企业各个环节的目标才能形成顾客满意的服务，最终为企业赢得竞争力。

至此，移动通信三维质量屋的屋体相关矩阵构建完毕。通过结构方程建模的方法构建屋体相关矩阵，能够有效地避免对于专家经验的过度依赖。调研数据全部来自于顾客，将顾客的声音更进一步反映到企业的决策中，体现了服务业以顾客为导向的营销重点，是质量屋方法更加适合于服务业的一种积极的探索。

6.3.5 建立地板——服务属性初步改进方案

地板是服务属性的重要度。由式(5.22)计算服务属性的重要水平，下面结合本案例的数据，初步确定改进的方案。

表 6-9 服务属性重要性水平

编号	服务属性	服务属性重要水平	本企业表现	对手表现	服务满意度
A	复话时间	0.09	4	4	5
B	业务变更时限	0.11	4	4	3
C	通信障碍复修时限	0.08	5	4	3
D	电话号码冻结时限	0.1	4	5	3
E	人工短消息应答时限	0.11	4	3	3
F	接通率	0.13	5	3	4
G	可接入率	0.15	4	4	4
H	拨号后延时	0.13	4	3	4

续表

编号	服务属性	服务属性重要水平	本企业表现	对手表现	服务满意度
I	通话中断率	0.11	4	4	5
J	计费差错率	0.15	3	4	3
K	无线通道拥塞率	0.13	5	5	5
L	点对点消息发送成功率	0.15	5	5	5
M	员工态度	0.15	3	5	2
N	员工专业度	0.15	3	5	3
O	业务等待时限	0.15	4	4	3
P	现场管理灵活度	0.15	4	5	3
Q	业务受理平均时限	0.17	4	5	3
R	营业厅服务环境	0.17	3	5	2
S	营业时间	0.13	3	4	5
T	价格措施	0.05	5	3	5
U	新业务宣传	0.06	3	5	4

通过部分顾客访谈和公司管理人员访谈,得到了关于上述服务属性的本企业表现和竞争企业表现。最后将问卷调查(附件1的第二部分)中的顾客满意度指标进行简单平均并四舍五入列入表格的最后一项。

1. 顾客需求和技术视角

从服务属性重要水平的权重可以看出,编号为F、G、H、J、K、L、M、N、O、P、Q、R、S的项是权重较大的,都超过了0.13。其中F、G、H、J、K和L是顾客的基本功能需求,无论是学生用户还是非学生用户,都对这些项目十分关注,这部分是移动通信服务业"当然质量"的部分,一旦这部分质量没有得到保证,那么顾客会大量流失,并且这部分是服务的后台部分,属于技术的范畴,尽管目前与竞争对手的差别并不明显,但是依然是顾客十分关注的问题,所以不能被商家忽视。M、N、O、P、Q项是属于服务的前台质量。这部分与一线服务员工直接相关,是服务接触的主要组成部分。可见,这些也被学生用户所关注,是商家不能忽略的服务环节。营业厅的服务环境在校园顾客中尤为显得重要,这主要与学生消费的特点有关。学生用户是新型消费的潜在力量,往往更加看重服务的体验性、环境的人性化和个性化,具有创意的环境设计将会受到学生客户的广泛喜爱。

2. 竞争视角

竞争视角能够使企业了解其目前在竞争中的位置,抓住自身的优势,扬长避短,也能够避免对已获优势的"重复建设"和关键劣势的忽略。竞争视角的筛选原则如下:在顾客需求和技术视角下需要关注的项目中,本企业表现不如竞争对手,同时顾客满意度不高的项目需要进一步改进。结合服务属性的重要水平看出,A 移动通信公司在 G、J、M、N、O、P、Q、R 上需要改进,这几个项目不仅低于竞争对手,并且所占重要性比较大,顾客的满意度也比较低,长此以往会严重影响顾客满意和顾客忠诚。并且这种低于竞争对手的项目大都集中在前台服务环境,通过此项分析更加明确服务改进的方向。

3. 优先改进项

综合了顾客视角、企业与竞争对手视角,本项目初步选定 G、J、M、N、O、P、R 项目进行重点改进项目。

6.3.6 确立扩展面——基于经济性的服务质量改进方案的确定

上文从顾客视角和企业视角分别进行了分析,接下来分析这些项目的质量经济性。根据式(5.23)~式(5.26),分别计算质量收益和质量成本,所得质量净收益如表 6-10 所示。

表 6-10　质量经济性评价结果

编号	项目	质量收益	质量成本	净收益
G	可接入率	0.173 913	0.178 571	−0.004 66
J	计费差错率	0.130 435	0.178 571	−0.048 14
M	员工态度	0.086 957	0.107 143	−0.020 19
N	员工专业度	0.130 435	0.107 143	0.023 292
O	业务等待时限	0.130 435	0.142 857	−0.012 42
P	现场管理灵活度	0.130 435	0.107 143	0.023 292
Q	业务受理平均时限	0.130 435	0.107 143	0.023 292
R	营业厅服务环境	0.086 957	0.071 429	0.015 528

经过经济性分析得到如下结果。

1. G(可接入率)

该项目质量净收益为负,主要是由于质量成本高,改进的投入较大,并且 A 移动通信公司的可接入率与竞争对手之间没有差别,因此 A 移动通信公司没有必要对此投入大量的资金和人力进行优先改进。

2. J(计费差错率)

该项目质量净收益为负,质量成本与可接入率相同,但是质量收益并不高,改进后收益并不明显,是导致质量净收益为负的主要原因。尽管与竞争对手在这一项目中有一点差距,但需求拉动的动力不足,综合来看该项目不应成为优先改进项。

3. M(员工态度)

该项目质量净收益为负,不需要优先改进。主要原因是质量收益项不高,一方面学生用户对员工的服务态度并不敏感,同时由于学生用户理解力比较强,个人素质相对较高,服务中也很少发生员工态度不好的情况;另一方面,学生用户中的大部分服务都已经可以通过网络进行,顾客的进店率下降了,与员工接触的机会少了,因此该项目对整体质量收益的作用不明显。

4. N(员工专业度)

该项目质量净收益为正,应优先改进。员工专业度是服务质量的重要保证,该项目尽管改进的成本不高,但是改进的收益很大,是应予优先改进的项目。

5. O(业务等待时限)

该项目质量净收益为负,不需要优先改进。该项目也是对服务有形性的一个要求,随着实体店的功能越来越专业化、体验化,业务等待项目的改进成本也越来越高,对于高校这个案例来说已经不足以弥补其收益,因此不应成为优先改进项。

6. P(现场管理灵活度)

该项目质量净收益为正,应优先改进。灵活的现场管理能够成为企业服务创新的亮点,也是青年一代学生所非常好奇并愿意体验和感受的。这一项的改进可以较大程度地提高满意度,并且改进成本不高,因此需要改进。

7. Q(业务受理平均时限)

该项目质量净收益为正,应优先改进。与业务等待时限的收益相同,但是成本却比较低,主要涉及员工的培训和技能训练,并且业务受理的时间展示了员工的专业化程度和服务态度,是正面的服务接触,是服务最为关键的环节,而且对于企业文化的宣传等都具有重要的意义,因此企业必须加以重视。

8. R(营业厅服务环境)

该项目质量净收益为正,应优先改进。这一点正符合学生用户的特点,学生是新消费的潜在动力,体验性较强,对于营业厅的个性化和创新设计的要求较高。这一指标不会因为不改进而导致服务满意的降低,但会随着服务改进而有大幅度的满意度提高,属于"迷人质量"。因此需要企业改进以提高整体竞争力。

6.4 服务质量改进策略选择

通过以上的分析，A移动通信公司在南京高校市场的最终服务改进项目为：员工专业度、现场管理灵活度、业务受理平均时限、营业厅服务环境。

对这些项目的确定综合考虑了顾客维度、企业技术维度和企业的经济维度，能够积极地提高企业的整体运营效率。从改进的项目来看，大都属于服务前台项目，对服务创新提出了较高的要求。针对以上分析结果，为A移动通信公司提出服务质量改进建议如下所述。

1. 提高一线服务人员专业技能

改进服务质量关键在于一线服务人员。一线服务人员的专业技能不仅包括其熟练的操作技能，也包括其服务态度和素质，如积极的心态和自信心，亲和力和服务的规范性等。作为连续性并高度接触的服务行业，提高一线员工的服务整体素质，是重视顾客需求最为直接的途径。因此A运营商需要加大对员工的专业培训和管理培训，并建立与薪酬相对应的考核制度。使员工能够灵活地应对现场情况，为顾客提供快速、准确的服务。提高应对突发情况的能力，将员工作为公司与顾客沟通的桥梁。

2. 加强服务环境创新与改善

在服务环境创新方面，公司可在营业厅环境等与顾客接触密切的场所增添创意因素，改变传统的焦急等待场所为体验和享受的地方，例如增设体验区，改善等待区环境，增加其舒适度；增强服务时间的柔性和灵活性，从学生客户的需求角度出发，真正满足其消费的时间需求，同时又保证员工的正常休息时间，做到既有满意的顾客又有满意的员工。积极维系与顾客的关系，提高顾客忠诚度。

3. 加强前后台服务联动

前台的服务创新离不开后台的技术创新。公司要加强业务创新，针对学生客户的特点，为顾客设计更加定制化和个性化的业务，如增加时尚元素，提高功能的便捷性；同时兼顾设备的稳定性，保证基本功能的实现；开拓更加广泛的沟通渠道，使顾客的声音能及时准确地传递到公司，提高服务质量，实现顾客与企业的双赢。

6.5 完整的移动通信业服务质量屋

以上便完成了分步骤对改进的质量屋的运行，完整的质量屋运行结果如表6-11所示。

第6章 基于结构方程系数改进服务质量屋应用

表 6-11 完整质量屋运行结果

服务属性 顾客需求		A	B	C	D	E	F	G	H	I	J	K	L	M	N	O	P	Q	R	S	T	U
F1	0.198	0.24	0.27	0.21	0.25	0.27	0.35	0.39	0.35	0.3	0.39	0.35	0.39	0	0	0	0	0	0	0	0	0
F2	0.099	0.27	0.31	0.24	0.28	0.31	0.39	0.44	0.4	0.34	0.44	0.4	0.44	0	0	0	0	0	0	0	0	0
F3	0.057	0	0	0	0	0	0.01	0.01	0.01	0.01	0.01	0.01	0.01	0	0	0	0	0	0	0	0.25	0.29
F4	0.025	0	0	0	0	0	0.02	0.01	0.02	0.02	0.02	0.02	0.02	0	0	0	0	0	0	0	0.39	0.44
F5	0.057	0	0	0	0	0	0.02	0.02	0.02	0.02	0.02	0.02	0.02	0	0	0	0	0	0	0	0.34	0.38
F6	0.029	0	0	0	0	0	0	0	0	0	0	0	0	0.1	0.1	0.1	0.1	0.12	0.12	0.09	0.12	0.13
F7	0.017	0	0	0	0	0	0	0	0	0	0	0	0	0.12	0.12	0.12	0.12	0.14	0.14	0.11	0.13	0.15
F8	0.114	0	0	0	0	0	0	0	0	0	0	0	0	0.27	0.26	0.27	0.27	0.3	0.3	0.23	0	0
F9	0.049	0	0	0	0	0	0	0	0	0	0	0	0	0.24	0.24	0.24	0.24	0.27	0.27	0.21	0	0
F10	0.018	0	0	0	0	0	0	0	0	0	0	0	0	0.26	0.26	0.26	0.26	0.29	0.3	0.23	0	0
F11	0.008	0	0	0	0	0	0	0	0	0	0	0	0	0.27	0.26	0.27	0.27	0.3	0.3	0.23	0	0
F12	0.006	0	0	0	0	0	0	0	0	0	0	0	0	0.26	0.26	0.26	0.26	0.29	0.3	0.23	0	0
F13	0.038	0	0	0	0	0	0	0	0	0	0	0	0	0.3	0.29	0.3	0.3	0.33	0.34	0.26	0	0
F14	0.057	0	0	0	0	0	0	0	0	0	0	0	0	0.39	0.39	0.39	0.39	0.44	0.45	0.34	0	0
F15	0.043	0	0	0	0	0	0	0	0	0	0	0	0	0.38	0.37	0.38	0.38	0.42	0.43	0.33	0	0
F16	0.026	0	0	0	0	0	0	0	0	0	0	0	0	0.39	0.38	0.39	0.39	0.43	0.44	0.34	0	0
F17	0.004	0.14	0.16	0.12	0.14	0.16	0.14	0.16	0.14	0.12	0.16	0.14	0.16	0.24	0.24	0.24	0.24	0.27	0.28	0.21	0	0
F18	0.036	0.13	0.14	0.11	0.13	0.14	0.13	0.14	0.13	0.11	0.14	0.13	0.14	0.22	0.22	0.22	0.22	0.24	0.25	0.19	0	0
F19	0.009	0.11	0.12	0.1	0.11	0.12	0.11	0.12	0.11	0.1	0.12	0.11	0.12	0.19	0.19	0.19	0.19	0.21	0.22	0.16	0	0
F20	0.109	0.13	0.14	0.11	0.13	0.14	0.13	0.14	0.13	0.11	0.14	0.13	0.14	0.22	0.22	0.22	0.22	0.24	0.25	0.19	0	0

续表

服务属性\顾客需求	A	B	C	D	E	F	G	H	I	J	K	L	M	N	O	P	Q	R	S	T	U
服务属性重要水平	0.09	0.11	0.08	0.1	0.11	0.13	0.15	0.13	0.11	0.15	0.13	0.15	0.15	0.15	0.15	0.15	0.17	0.17	0.13	0.05	0.06
本企业表现	4	4	5	4	4	5	4	4	4	3	5	5	3	3	4	4	4	3	3	5	3
竞争对手表现	4	4	4	5	3	3	4	3	4	4	5	5	5	5	4	5	5	5	4	3	5
服务满意度	5	3	3	3	3	4	4	4	5	5	5	5	2	3	3	3	3	2	5	5	4

改进项目	G	H	J	K	L	M	N	O	P	Q	R
质量收益	0.174	0.179	0.13		0.087	0.13	0.13	0.13	0.13	0.087	
质量成本		0.179		0.107		0.14	0.107	0.107	0.107	0.071	
质量净收益	负	负		正		负	正	正	正	正	

6.6 改进的服务质量屋运行效果分析

该方法在本案例研究中体现了其有效性。

(1) 服务质量屋屋体相关矩阵的改进提高了质量屋决策的客观性和有效性。案例研究表明,基于结构方程系数改进的服务质量屋中顾客需求与服务属性的相关矩阵的确定基于大量的顾客调研和公司内部服务和技术人员的调研,运用数据内在关系来反映顾客需求与服务属性之间的相关关系,具有较高的客观性,有助于克服评价者偏好对相关系数确定所产生的影响。这种方法上的改进不仅有效地避免了传统质量屋中相关系数的确定完全依赖专家打分的缺陷,而且能够更加体现服务业以顾客为导向的行业特点,从而提高了质量屋方法决策的有效性。

(2) 将经济性维度引入服务质量屋有助于提高其决策的实际效果。案例研究表明,经济性维度的引入对改进方案项目的确定具有积极的影响:从最小效果看,经济性维度对于服务属性改进方案的确定具有选优作用,科学地避免了企业在当然质量上的无谓浪费。通过对比二维质量屋与三维质量屋的改进项目的区别不难看出,三维质量屋更加关注服务前台的高质量水平的服务,以弥补后台大规模技术投入对质量成本的大量占用。并且三维质量屋更加符合特定细分市场的服务特征,能够使企业将有限的资源运用到能够大幅度提高顾客满意的项目改进之中,使企业和顾客获得双赢。从服务业特征看,由于服务属性参数设计尚没有诸如制造业中的容差设计、损失函数计算等经济性分析方法,因此三维模型的提出也给服务属性的设计和改进提供了有效的工具。

6.7 本章小结

本案例实际调研了 A 移动通信公司,在实践中对顾客需求的提取进行了创新性操作:构建了移动通信服务概念模型,并结合 SERVQUAL 量表初步设计了顾客需求指标,接下来在大规模顾客调研的基础上对数据进行统计检验,最终科学并系统地提取了顾客需求。

基于此完整地建立并运行了移动通信业的三维质量屋:天花板采用电信服务规范;屋体采用结构方程建模的方法确定屋体相关系数矩阵,避免了对于专家经验的过度依赖;对项目改进的选择引入质量经济性理论,用顾客满意衡量质量收益,对质量成本进行高阶访谈,计算了质量净收益值,最终确立了改进项目。根据分析的结果,为 A 移动通信公司的服务质量改进提出了建议。最后对改进的服务质量屋的运行效果进行了分析。

第7章 三维质量屋的协同效率研究实例

质量屋思想的本质是通过逻辑矩阵变换使决策中的两种维度有机结合起来,两种属性的维度特征都能在最后的决策中得到体现。因此该方法在解决协同效率的研究中有一定的适用性。本章将通过两个研究实例——军民品协同;智能制造与智慧服务协同,展示三维质量屋协同效率的评价过程。

7.1 三维质量屋在军民品协同效率中的研究实例

7.1.1 研究背景

军民品互动机制不仅是我国军工企业发展的重要战略,也是世界军工大国发展军工的趋势。军民结合,一方面有利于将军品过剩的生产能力转为民用,加速民用科技的发展;另一方面,军民结合将会为企业带来规模经济和范围经济,由此所导致的利润前景也是军民结合不可忽视的动因(李振明,2002)。

从世界趋势来看,军工大国的军工产业与民用产业的融合趋势非常明显,军工企业的发展,基本都是军民兼容,军民品互动的发展模式,顶级军工企业与纯粹的军工厂正在向军民结合的道路发展。美国数学研究所曾对美国航宇局向其他部门转移的四项技术(集成电路技术、控制液化气体的多层低温绝热技术、多用途计算机程序、喷气推进技术)的经济效益进行过估算,总的经济效益为1∶14。也就是说,投资1美元可获得14美元的收益(马燕华,1986)。另外,从军民结合的程度来看,军品的比例有的较高,达到99.46%,有的已相当低,只有12.07%。这种军民品的结合机制主要是由军民品性质或者说协同程度决定的。只有确定军民两类产品的协同程度和协同效率,制定符合这一协同程度的运营机制,便是最优的组合机制,才能最有效地推动经济效益的提升。因此有效的军民结合机制是提升综合效益的核心,而军民品协同效率是军工企业军民结合机制设计的重要决策影响因素。依据军民品协同效率决定协同机制进而取得经济效益上的提高,是军民结合实践中一项重要而关键的任务。

基于上述问题的描述,三维质量屋方法与解决军民品协同效率问题具有本质上的一致性。本书研究的目的是以军民品协同效率的科学确定作为问题的索引,引出维度相互交织和抽取的问题实质,通过对质量屋思想实质的深入把握,利用引入中间变量化解问题难点,提出三维质量屋模型,并理顺建模顺序,最后以某航空制造企业的实例来实践新方法。

7.1.2 军民品协同问题实质的抽取

军民品协同效率的科学测定是军民结合运营方式的关键,不同的产业协同效率决定了不同的运营模式。有的企业军品和民品很相似,有的企业军品和民品相似程度不高,如美国通用动力公司军品生产:B-52轰炸机、超音速水上飞机、小猎犬导弹、核潜艇;对应民品生产:民用飞机、材料制造、液体碳酸。洛克希德飞机公司军品生产:海神导弹、北极星导弹、C-5A、C-190大型喷气式运输机;对应民品生产:大型民用运输机C-1011型三星机。波音公司在第二次世界大战前主要军品:B-52型轰炸机、海上骑士直升机、火箭、航天器、民兵导弹的研制和总装,参加大力神洲际导弹、空射巡航弹道及罗兰特地空导弹的制造,而在第二次世界大战后成为世界喷气式民航飞机的最大生产商。尽管军民品的表现形式各不相同,但从本质上不难看出,在军品和民品之间,有一个连接的纽带——技术。军品系列和民品系列是技术的外在表现形式,根据军民品市场不同的要求,在设计、装配、软件制造、性能等方面体现差异,而核心的技术往往是通用的,这也是军转民的问题实质。

因此,解决军民品协同效率的问题就转化为将技术作为核心变量,分别确立军品与技术的关系和民品与技术的关系,将军民品有机地联系在一起,实现协同的目的。更为一般的,可抽象描述为在两种变量之间寻找一个中间变量,通过中间变量的连接作用,将两变量有机统一起来。这便是本书通过改进的三维质量屋所解决的普遍实质问题。

7.1.3 基于三维质量屋的军民品协同效率分析

1. 问题描述

对于军民品协同的问题,在三维质量屋的框架下可以得到有效的解决。从上述三维质量屋模型中,对实际问题进行如下定义。

X_1为某企业n个军品系列产品,X_2为m个民品系列产品,A为企业拥有的k项核心技术,是支撑企业军民品生产的所有技术项目,其中有些可能只用于军品,有些只为民品市场竞争所研制。ω_i为核心技术的权重,由企业的总设计师或技术总监给出。$\alpha_{ij}(i=1,2,\cdots,k,j=1,2,\cdots,n)$为$n$个军民系列产品每一个运用的技术项目程度或者说该项产品在多大程度上包含了技术项目,可用1,3,5,7,9打分量化,也可以从质量屋改进的诸多方法中再进行更加精确的处理,数据获得由军品部门的技术人员给出；$\beta_{iq}(i=1,2,\cdots,k;q=1,2,\cdots,m)$为 m 个民品系列产品每一个运用的技术项目程度或者说该产品在多大程度上包含了技术项目，数据处理的方式与军品项目相同，数据获得由民品部门的技术人员给出。

2. 三维质量屋运作

步骤一：收集一手数据。全面分析公司军民品的两线产品系列和核心技术项目。列出 X_1 和 X_2 以及 A。并通过与企业技术总设计师和项目总监的高阶访谈，确定核心技术的权重。如果技术项目较多或者复杂程度较高，项目总监的意见很难达成一致，可以采用不确定多属性决策中的诸多方法定权。接下来通过访谈或调研的方式确定军品相关矩阵和民品相关矩阵的具体数值，同样，根据项目的复杂程度和数据信息的特点，可引入目前质量屋领域更加精准的技术如结构方程、模糊数学等方法获得数据。

步骤二：运作军品矩阵和民品矩阵，分别得到综合矩阵 $\boldsymbol{C}=(c_1,c_2,\cdots,c_n)$ 和 $\boldsymbol{D}=(d_1,d_2,\cdots,d_m)$，其中：

$$c_j = \sum_{i=1}^{k} \alpha_{ij}\omega_i \quad (j=1,2,\cdots,n)$$

$$d_q = \sum_{i=1}^{k} \beta_{iq}\omega_i \quad (q=1,2,\cdots,m)$$

步骤三：根据公式 $\boldsymbol{E}=\boldsymbol{D}_{1\times m}^{\mathrm{T}} \cdot \boldsymbol{C}_{1\times n}$ 计算综合矩阵，填入屋底，如图 7-1 所示。

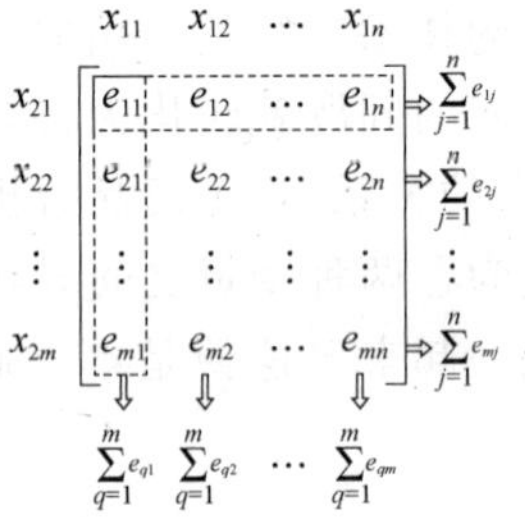

图 7-1 屋底综合矩阵

图 7-1 所示中，每一列是同一军品不同民品的技术交集，体现的是该项军品与民品项目的协同程度，通过对每项的纵列求和，数值的大小可以比较企业不同军品与民品的相互协同程度，数值越大，该项军品与民品在以技术为纽带的协同中协同效率越大，反之亦然。每一行是同一民品不同军品的技术交集，体现的是该项民品与军品各项目的协同程度，同样可以采取简单求和的方式来比较协同效率。这样便可以分别得出军品和民品的协同效率，根据协同效率的不同，可以更加有效地安排生产，设计适宜的组织管理体制，达到企业最优生产和效益的组合。

需要指出的是，屋底综合矩阵 $\boldsymbol{E}$ 的处理方式并不唯一，本书中采用的是求和的方式，另外，求平均、求乘积等各种数学方式都可以采用，关键是要选择符合数据特点的方法，有效规避如数据波动或数量级的数据本身的属性给决策带来的失误。

7.1.4 实例

为了验证文中所提出了三维质量屋方法解决军民品协同效率的问题,以某航空制造企业为背景,实践军民品协同效率的计算方法。该案例意在说明方法的运作,限于军品保密性,隐去了真实的数据和相关信息,但不影响案例的意义。

1. 技术与产品系列

根据公司经营产品情况,对军民品和技术项目分别进行了归纳,并通过与技术总监的高阶访谈,确定了四项技术的相对重要程度权重,同时,对军品和民品对技术的运用程度进行了分析,按照质量屋的运作机理,如表7-1所示。

表7-1 某企业军民品与技术列表 K 型支线客机

K型支线客机	K型干线客机	Y型运输机	技术	技术权重	某型号导弹	某型号运输机
6	7	5	全数字发动机控制系统	0.3	8	8
5	3	7	发动机振动监控装置	0.2	4	7
7	4	5	复合材料工艺	0.25	4	8
3	7	8	翼梢小翼技术	0.25	0	9
5.3	5.45	6.15			4.2	8.05

其中,根据式(5.27)和式(5.28)得到

$$C = (4.2 \quad 8.05)$$
$$D = (5.3 \quad 5.45 \quad 6.15)$$

2. 协同效率计算

根据式(5.29),得:

$$E = \begin{bmatrix} 22.26 & 42.665 \\ 22.89 & 43.872 \\ 25.83 & 49.507 \end{bmatrix}$$

本例中采用行与列都求和的方法,因为求平均可能会稀释掉部分离差的作用,得到如表7-2所示。

表7-2 军民品协同效率

型号	某型号导弹	某型号运输机	合计
K型支线客机	22.26	42.665	64.925
K型干线客机	22.89	43.872	66.762
Y型运输机	25.83	49.507	75.337
合计	70.98	136.044	

从表 7-2 来看，在该企业技术背景下，其军品某型号运输机与民品的技术协同效率最高，几乎是某型号导弹的一倍，那么企业该型号运输机的设计研发和生产可采用与民品更多的混合，这就要求需要有更加适应的组织方式，例如可采用全捆式，可以充分利用企业产能，也能够使军品在生产任务较轻时灵活转向民品，并为企业创收，而军品在生产任务重时又能调集足够的产能保证军品的生产，履行国家义务。而企业某型号导弹与民品的协同程度相比较来说低许多，在资源的配置和组织设置时应根据军民品的任务情况选择双轮式或半捆式作为两个利益中心，充分提升自己部门的经济绩效，以免出现由于利益不均而相互推诿，影响企业整体经济效益的现象。从民品角度来看，该企业民品系列与军品的协同比较稳定，彼此相差不大，主要原因是民品系列产品技术的共有性比较强，彼此之间的技术交集比较大。Y 型运输机相比来说协同度更大一些，主要是该型号的运输机能够更多利用企业核心技术。从与军品的关系来看，K 型支线客机的技术协同程度略低于其他两项民品技术，但总体来说，三者差别不大，与军品的协同维持在一个稳定的水平。

由此可以看出，该企业核心技术主要是围绕军品系列进行的研发，民品系列产品紧紧围绕军品技术而派生。在未来的发展中，企业可以此分析为依据，设计有利于促进民机研发或军机技术转民机的组织机制，以提升民机的技术水平和市场竞争力。同时对于型号导弹的相关核心技术需加强科研力量，并积极探索新的民品以实现规模经济和范围经济。

7.1.5 结论

该案例以军民品协同作为研究背景，分析了国际军事大国军民品生产的协同趋势，引出协同效率的科学确定是建立最优生产和组织结构的关键因素。另外本书深入分析了质量屋方法的运行实质，从方法所体现的深层次本质方面对其进行了归纳，并得出：质量屋原理的本质与解决协同问题具有一致性，因此探索军民品协同的质量屋方法。从解决问题的角度出发，通过对军民品协同问题的描述，本书创造性地提出三维质量屋的模型，并对相关结构进行了定义，梳理了运行方法，之后针对军民品协同的问题，提出了第三维度的综合矩阵的处理方式。最后以某航空企业具体背景为例，实践了该方法，并给出了分析范例。

本案例的研究是遵循以问题为出发点，通过对问题本质的分析，采用与其具有相同本质思想的方法，并为解决问题而改进方法，一方面有效地解决了问题，另一方面为方法的创新提供了新的思路。

7.2 三维质量屋在智慧服务和智能制造协同效率中的研究实例

7.2.1 研究背景

1. 智能制造的发展

中国经济信息社的《全球智能制造发展指数报告(2017)》表明,中国已名列智能制造发展"先进型"国家行列,综合排名全球第 6 位,预计 2018 年全球将有 232 万台工业机器人被部署在生产车间。全球主要国家智能制造指数排序如图 7-2 所示。

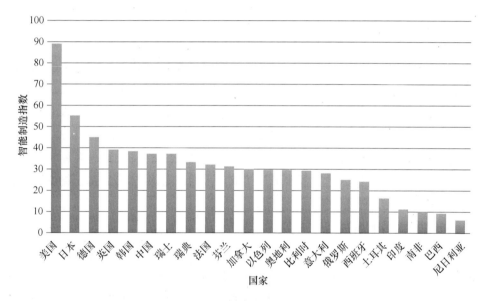

图 7-2 全球主要国家智能制造指数排序

目前,我国的智能制造政策体系基本成型,试点示范项目助推政策加速落地。2017 年以来,我国陆续出台《增材制造产业发展行动计划(2017—2020 年)》《关于深化"互联网＋先进制造业"发展工业互联网的指导意见》等政策文件,智能制造顶层设计基本完成。自 2015 年起,工信部每年启动智能制造试点示范工作。2018 年,遴选项目总数有望超过 100 个,试点示范项目有效助推智能制造相关政策加速落地。上述智能制造中报告的 232 万台工业机器人,中国将占据很大部分比例,如图 7-3 所示。

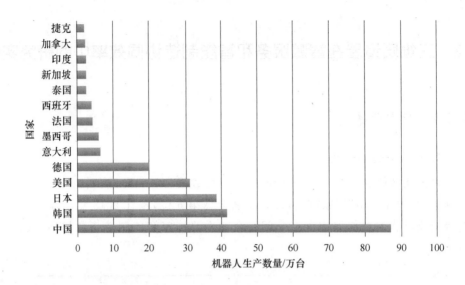

图 7-3 各国工业机器人生产数量

智能制造是可持续发展的制造模式,借助计算机建模仿真和信息通信技术的巨大潜力,优化产品的设计和制造过程,大幅度减少物质资源和能源的消耗以及各种废弃物的产生,同时实现循环再用,减少排放,保护环境。智能工厂的生产环境由智能产品、智能设备、宜人的工作环境、高素质的劳动者和智能能源供应组成,他们相互之间进行企业内的通信,包括生产数据采集、工况分析、制造决策等。若干智能工厂通过中间件、云计算和服务连接成庞大的制造网络,借助基于物流网的智能物流构建完整的制造体系。

2. 智慧服务的崛起

先进制造所依托的通信技术、大数据、云计算、人工智能等先进技术同时为服务业也带来了新的发展机遇。一系列的高技术服务业如雨后春笋蓬勃发展,例如无人零售业、电子商务、移动支付、智慧医疗等,极大地提升了消费感知和消费体验,开创了服务业的新模式。

在移动支付领域,根据艾瑞咨询的数据统计,我国第三方移动支付交易规模持续增长,2016 年移动支付交易规模约为 58.5 万亿元人民币,较 2015 年增长了 381.9%。目前,市场上的移动支付方式主要有二维码支付、NFC 支付、密码支付、指纹支付、语音支付、虹膜支付、人脸识别支付等,其中,二维码支付在支付宝、微信等国内企业的推动下,普及率远胜于其他几种支付手段,并且二维码支付聚集了高效、便捷、低成本和支付场景多元化等优势,未来应用场景广阔。从行业竞争的角度来看,移动支付行业出现市场份额集中的发展态势,支付宝和微信拥有庞大的用户群体和丰富的支付场景，占据绝对的市场优势，其他的移动支付玩家包括京东钱包、百度钱包、壹钱包、连连支付、快钱等。

无人零售领域，2016年12月，亚马逊首先提出"无人便利店"的概念，即"Amazon Go"。随后国内企业如阿里巴巴、京东等互联网巨头，以及缤果盒子、F5未来商店、TakeGo、Moby等企业纷纷加入无人零售领域。同时娃哈哈、居然之家、永辉超市业在传统零售业的基础上入局无人便利店市场。无人零售业的主要技术支撑是人工智能，包括计算机视觉技术、语音交互技术等。比如在深兰科技推出的TakeGo无人便利店中，通过识别顾客手掌毛细血管结构，实现消费者"扫手开门"，而在进入便利店之后，通过使用计算机视觉技术监测和识别商品，让消费者可以"拿了就走、支付宝自动扣款"。目前，我国人工智能产业发展迅速，根据艾瑞咨询的数据统计，2016年中国人工智能产业规模已经突破了100亿元，并在计算机视觉、语音识别等技术领域，涌现了一批行业领军企业。比如在计算机视觉领域，国内厂商在人脸识别领域处于国际领先地位，代表性企业包括旷视科技、商汤科技、云从科技等；在语音识别领域，2016年11月，搜狗、百度、科大讯飞陆续宣布，公司人工智能对中文的语音识别的识错率降低到了3%的水平，成功超越了人类对中文4%的识错率。

智慧医疗(简称WIT120)领域，借助人工智能、传感技术等高科技，医疗服务正在走向真正意义的智能化。通过打造健康档案区域医疗信息平台，实现患者与医务人员、医疗机构、医疗设备之间的互动，逐步达到信息化。智慧医疗由三部分组成，分别为智慧医院系统、区域卫生系统以及家庭健康系统。

（1）智慧医院系统，由数字医院和提升应用两部分组成。数字医院包括医院信息系统(即Hospital Information System，HIS)、实验室信息管理系统(Laboratory Information Management System，LIS)、医学影像信息的存储系统(Picture Archiving and Communication Systems，PACS)和传输系统以及医生工作站四个部分。实现病人诊疗信息和行政管理信息的收集、存储、处理、提取及数据交换。医生工作站的核心工作是采集、存储、传输、处理和利用病人健康状况和医疗信息。医生工作站包括门诊和住院诊疗的接诊、检查、诊断、治疗、处方和医疗医嘱、病程记录、会诊、转科、手术、出院、病案生成等全部医疗过程的工作平台。

（2）区域卫生系统，由区域卫生平台和公共卫生系统两部分组成。其中，区域卫生平台包括收集、处理、传输社区、医院、医疗科研机构、卫生监管部门记录的所有信息的区域卫生信息平台；公共卫生系统包括旨在运用尖端的科学和计算机技术，帮助医疗单位以及其他有关组织开展疾病危险度的评价，制定以个人为基础的危险因素干预计划，减少医疗费用支出，以及制定预防和控制疾病的发生和发展的电子健康档案(Electronic Health Record，HER)。

(3) 家庭健康系统是最贴近市民的健康保障,包括针对行动不便无法送往医院进行救治病患的视讯医疗,对慢性病以及老幼病患远程的照护,对智障、残疾、传染病等特殊人群的健康监测,还包括自动提示用药时间、服用禁忌、剩余药量等的智能服药系统。

3. 问题的提出

随着经济全球化和以信息技术为先导的科技革命的迅速发展,各国经济及产业的发展模式都在发生日益深刻的改变,产业间的边界越来越模糊,特别是服务业与制造业之间开始出现互动融合的现象。技术融合是指科技创新在不同产业间扩散,从而使得产业间边界逐渐模糊甚至消失的现象。当前各国产业竞争力不仅取决于技术进步和产业自身的发展,还受到产业间相互融合、互动及协同能力的深刻影响。

在当前的工业互联网和智能制造的浪潮下,基于 4G/5G 技术、云计算、大数据等高端技术成为了连接智慧服务和智能制造相互融合的关键桥梁和纽带,在产业链的上下游都产生了较大的影响力和辐射力。本书将提取出智慧服务和先进制造的共有技术,通过三维服务质量屋的改进方案,计算智慧服务和先进制造业之间的协同效率,为培育产业动态的比较优势,促进产业升级和结构调整提供参考、借鉴。

7.2.2 智慧服务与智能制造协同问题实质的抽取

从本质来看,智能服务与先进制造之间存在一个连接的纽带——基础技术。应用于先进制造业的技术与应用于智能服务业的技术之间存在共性和协同作用。制造业和服务业根据目标顾客和商业模式的差别,进行技术的二次开发,实现在自身业态上的应用。而制造业和服务业两者可能存在技术的通用性,这也是先进制造与智能服务进行技术协同的问题实质。

因此,我们将解决智能服务和先进制造之间的协同问题转化为以先进技术为纽带,分别确立先进技术在智能制造和智能服务中的相关性,之后将制造业和服务业有机地结合在一起,实现协同的目的。更为一般地,可以抽象为在两种变量之间寻找一个中间变量,通过中间变量的连接作用,将两变量有机统一起来。因此本章的这一案例依然是三维质量屋在服务业与制造业协同效率评价上的应用实例。

7.2.3 基于三维服务质量屋的服务与制造协同效率分析

1. 问题的描述

对于先进制造与智能服务的协同问题,可借鉴本书第五章第 5.5 节中的三维服务质量屋改进的思想得到有效借鉴。从上述三维服务质量屋的模型中,可对实际问题进行如下定义。

X_1 为制造业 n 个智能产品系列,X_2 为服务业 m 个智能服务系列,A 为当下智能制造和智能服务所共有的 k 项核心技术,其中有些可能只用于智能制造,有些只用于智慧服务。ω_i 为核心技术的权重,由专家或企业技术人员给出。$\alpha_{ij}(i=1,2,\cdots,k;j=1,2,\cdots,n)$ 为 n 个智能制造系列产品中每一个产品运用的技术项目程度或者说该项产品在多大程度上包含了技术项目,可用 1,3,5,7,9 打分量化,也可以从质量屋改进的诸多方法中再进行更加精确的处理,数据获得由智能制造专家或技术人员给出;$\beta_{iq}(i=1,2,\cdots,k;q=1,2,\cdots,m)$ 为 m 个智慧服务系列中每一个模式运用的技术项目程度或者说该服务项目在多大程度上包含了技术项目,数据处理的方式与智能制造相同,数据获得由智慧服务相关技术人员或专家给出。

2. 三维质量屋的运作

基于第五章第 5.5 节的内容,进行三维服务质量屋在制造业与服务业协同问题中的展示:

步骤一:收集第一手数据。依据技术发展趋势和产业发展报告,列出先进制造产品系列 X_1 和智慧服务模式 X_2 以及当前和未来具有潜力的新技术类别 A。并通过文献搜索和相关行业专家的高阶访谈,确定核心技术的权重。权重确定过程中如果意见难以达成一致或出现矛盾,那么须采用群决策等相关数据处理的方式。接下来通过 Meta 分析或行业技术专家访谈来分别确定先进制造业在所列技术类别中的相关性和智慧服务业在所列技术类别中的相关性。同样,根据项目的复杂程度和数据信息的特点,可引入目前质量屋领域更加精准的技术,如结构方程、模糊数学等方法获得数据。

步骤二:运作制造业的产品矩阵和服务业的服务模式矩阵,分别得到综合矩阵 $\boldsymbol{C}=(c_1,c_2,\cdots,c_n)$ 和 $\boldsymbol{D}=(d_1,d_2,\cdots,d_m)$,其中

$$c_j = \sum_{i=1}^{k} \alpha_{ij}\omega_i \quad (j=1,2\cdots,n)$$

$$d_q = \sum_{i=1}^{k} \beta_{iq}\omega_i \quad (q=1,2,\cdots,m)$$

步骤三:根据公式 $\boldsymbol{E}=\boldsymbol{D}_{1\times m}^{\mathrm{T}} \cdot \boldsymbol{C}_{1\times n}$ 计算综合矩阵,填入屋底,如图 7-4 所示。

在上述扩展综合矩阵中,每一列是同一制造产品在不同服务模式的技术交集,体现的是该项制造产品与服务模式的协同程度,通过对每项的纵列求和,数值的大小可以比较不同智能制造产品与智慧服务模式的相互协同程度,数值越大,该项制造业产品与智慧服务模式在以技术为纽带的协同中协同效率越大,反之亦然。每一行是同一智慧服务模式在不同制造产品中的技术交集。体现的是该项服务模式

与制造业产品各类别的协同程度,同样可以采取简单求和的方式来比较协同效率。这样便可以分别得出制造业产品和智慧服务模式的协同效率,根据协同效率的不同,可以更加有效地采取技术并购、联合研发或产学研等方式,实现先进制造业与智慧服务业协同发展和最优组合。

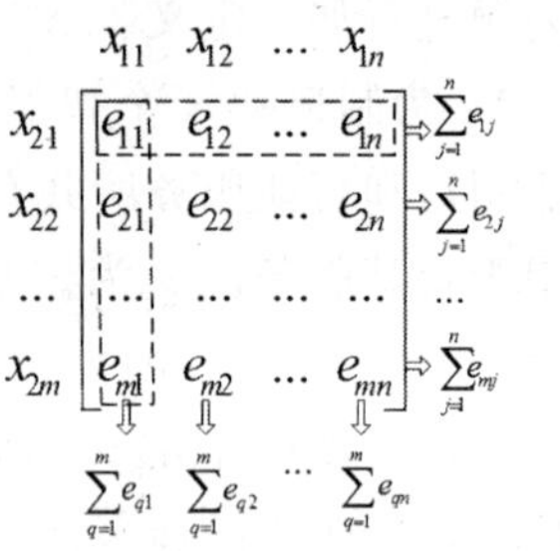

屋底综合矩阵 E 的处理方式并不唯一,本案例中依然采用的是求和的方式,另外,求平均、求乘积等各种数学方式都可以采用,关键是要选择符合数据特点的方法,有效规避如数据波动或数量级的数据本身的属性给决策带来的失误。

$$\begin{array}{cccc} x_{11} & x_{12} & \cdots & x_{1n} \\ x_{21} \begin{bmatrix} e_{11} & e_{12} & \cdots & e_{1n} \\ x_{22} & e_{21} & e_{22} & \cdots & e_{2n} \\ \vdots & \vdots & \vdots & & \vdots \\ x_{2m} & e_{m1} & e_{m2} & \cdots & e_{mn} \end{bmatrix} & \begin{array}{c} \sum_{j=1}^{n} e_{1j} \\ \sum_{j=1}^{n} e_{2j} \\ \vdots \\ \sum_{j=1}^{n} e_{mj} \end{array} \\ \sum_{q=1}^{m} e_{q1} & \sum_{q=1}^{m} e_{q2} & \cdots & \sum_{q=1}^{m} e_{qn} \end{array}$$

图 7-4 步骤三示意图

7.2.4 实例

为了验证方法的可操作性,我们采用智能制造和智慧服务的若干产品和服务类别作为实例,实现三维服务质量屋。当前智能制造和智慧服务都在如火如荼地展开,而两个产业业态之间不乏一些共用的技术,例如专业的医疗机器人可以针对医疗领域进行更为科学细致的诊断和更高精密度的服务。从市场需求和社会发展趋势来看,服务行业引入先进制造将带来无法估量的产业提升效应。我们将基于目前在智能制造和智慧服务领域应用比较广泛的产品和服务,结合两者的共有技术,采用三维服务质量屋计算协同效率。该案例的目的在于说明三维质量屋在服务业与制造业之间的协同效率评价的方法实践。

1. 先进制造与智慧服务系列

我们选取先进制造领域目前在产品和技术方面比较成熟的两个产品系统:一是工业机器人;二是无人驾驶汽车。工业机器人是面向工业领域的多关节机械手或多自由度的机器装置,它能自动执行工作,是靠自身动力和控制能力来实现各种功能的一种机器。它可以接受人类指挥,也可以按照预先编排的程序运行,现代的工业机器人还可以根据人工智能技术制定的原则纲领行动。无人驾驶汽车是智能汽车的一种产品,也称为轮式移动机器人,它是利用车载传感器来感知车辆周围环境,并根据感知所获得的道路、车辆位置和障碍物信息,控制车辆的转向和速度,从而使车辆能够安全、可靠地在道路上行驶。集自动控制、体系结构、人工智能、视觉计算等众多技术于一体,是计算机科学、模式识别和智能控制技术高度发展的产物。

我们选取智慧服务业目前比较流行和有前景的四种服务业模式:电子商务、移动支付、无人零售店和智能医疗诊断。四种商业模式的概念如表 7-3 所示。

表 7-3 智慧服务业的典型商业模式选择

商业模式	具体内容
电子商务	电子商务是以信息网络技术为手段,以商品交换为中心的商务活动;也可理解为在互联网(Internet)、企业内部网(Intranet)和增值网(Value Added Network,VAN)上以电子交易方式进行交易活动和相关服务的活动,是传统商业活动各环节的电子化、网络化、信息化
移动支付	移动支付也称为手机支付,就是允许用户使用其移动终端(通常是手机)对所消费的商品或服务进行账务支付的一种服务方式。单位或个人通过移动设备、互联网或者近距离传感直接或间接向银行金融机构发送支付指令产生货币支付与资金转移行为,从而实现移动支付功能。移动支付将终端设备、互联网、应用提供商以及金融机构相融合,为用户提供货币支付、缴费等金融业务
无人零售	无人零售是指基于智能技术实现的无导购员和收银员值守的新零售服务。其特点主要体现在,一是智能技术的应用。通过移动支付、人脸识别、RFID 等技术的应用实现自助服务或自动结算,降低零售对人的依赖。二是实现线下线上的融合。通过手机记录消费者的消费数据,进一步分析消费者行为,从而带来更定制化、更符合顾客需求的购物体验
智能医疗	智能医疗是通过打造健康档案区域医疗信息平台,利用最先进的物联网技术,实现患者与医务人员、医疗机构、医疗设备之间的互动,逐步达到信息化

2. 确定相关系数和权重

本案例中首先需要确定智慧服务和先进制造业两者之间的纽带技术类型,我们通过与多位行业专家进行座谈,提取了四种关键技术,分别是 4G/5G 技术、计算机视觉技术、云计算技术和大数据技术。如表 7-4 所示。

表 7-4 四种关键技术的提取和内容

技术类型	具体内容
4G/5G 技术	4G 技术又称 IMT-Advanced 技术。准 4G 标准,是业内对 TD 技术向 4G 的最新进展的 TD-LTE-Advanced 称谓,4G 是基于 IP 协议的高速蜂窝移动网,现有的各种无线通信技术从现有 3G 演进,并在 3GLTE 阶段完成标准统一。5G 技术是 4G 之后的延伸,正在研究中,也成为第五代移动通信技术
计算机视觉	是指用摄影机和电脑代替人眼对目标进行识别、跟踪和测量等机器视觉,并进一步做图形处理,使电脑处理成为更适合人眼观察或传送给仪器检测的图像。它的主要任务就是通过对采集的图片或视频进行处理以获得相应场景的三维信息

续 表

技术类型	具体内容
云计算	是基于互联网的相关服务的增加、使用和交付模式,通常涉及通过互联网来提供动态易扩展且经常是虚拟化的资源。云计算(Cloud Computing)是分布式计算(Distributed Computing)、并行计算(Parallel Computing)、效用计算(Utility Computing)、网络存储(Network Storage Technologies)、虚拟化(Virtualization)、负载均衡(Load Balance)、热备份冗余(High Available)等传统计算机和网络技术发展融合的产物
大数据	"大数据"是需要新处理模式才能具有更强的决策力、洞察发现力和流程优化能力来适应海量、高增长率和多样化的信息资产。大数据需要特殊的技术,以有效地处理大量的容忍经过时间内的数据。适用于大数据的技术,包括大规模并行处理(MPP)数据库、数据挖掘、分布式文件系统、分布式数据库、云计算平台、互联网和可扩展的存储系统

接下来我们将通过与技术人员的高阶访谈和行业调研,获得智慧服务的四种服务模式与四种技术之间的相关关系、智能制造的两种产品与四种技术之间的相关关系以及四种技术的相对权重。权重和相关系数的获得方法将广泛地采用德尔菲方法和头脑风暴法,最终获得技术与产业列表如表 7-5 所示。

表 7-5 技术与产业列表

智慧服务				纽带技术	技术权重	智慧制造	
电子商务	手机支付	无人零售店	智能医疗诊断			无人驾驶汽车	工业机器人
6	7	7	6	4G/5G	0.35	8	6
4	3	8	9	计算机视觉	0.3	9	8
6	6	6	7	云计算	0.15	7	7
5	5	5	9	大数据	0.2	7	6
5.2	5.25	6.75	7.65			7.95	6.75

其中根据第五章中的式(5.27)和式(5.28)得到

$$C = (7.95 \quad 6.75)$$
$$D = (5.2 \quad 5.25 \quad 6.75 \quad 7.65)$$

根据式(5.29)得到

$$E = \begin{pmatrix} 41.34 & 35.1 \\ 41.73 & 35.44 \\ 53.66 & 45.56 \\ 60.18 & 51.64 \end{pmatrix}$$

本案例中依然采用行列求和的方法,得到如表7-6所示。

表 7-6 服务业与制造业协同效率

	无人驾驶汽车	工业机器人	合计
电子商务	41.34	35.1	76.44
移动支付	41.73	35.44	77.17
无人零售店	53.66	45.56	99.22
智能医疗诊断	60.82	51.64	112.46
合计	197.55	167.74	

从表7-6来看,在互联网技术背景下,智慧服务业与先进制造业存在着协同关系。具体来说,四种服务业态与无人驾驶汽车产品的共性技术的协同效率都要高于与工业机器人的协同效率;无人驾驶汽车和工业机器人两个制造业产品与智能医疗诊断服务的技术协同效率最高,其次是两个产品与无人零售店的技术协同效率,接下来是移动支付,之后是电子商务的技术协同效率。

7.2.5 结论

该案例以智能制造和智慧服务的协同效率评价为研究背景,首先分析了智能制造和智慧服务当前的发展趋势,以及两者在实践中的协同之处,之后提取了智慧服务与智能制造协同问题的本质。最后,基于三维服务质量屋提出了建模方案,并采用智慧服务业四种模式(电子商务、移动支付、无人零售店、智能医疗),和先进制造的两个产品系统(工业机器人、无人驾驶汽车)为实例,实践了服务业与制造业协同效率评价模型。

第8章 总结及展望

8.1 本书结论

本书基于服务业特点,遵循"理论梳理—理论创新—案例应用"为研究思路,对服务质量屋进行改进,提出了改进的三维服务质量屋,并结合相应案例对改进方法进行了实践和分析,主要研究内容如下。

8.1.1 主要研究内容

(1) 理论分析。基于文献研究,本书构建了服务质量屋改进的理论框架:基于服务业特点,分析了将质量屋引入服务业的可行性,从质量屋方法运行实质和服务质量改进的需求出发,确立了本书理论研究的核心问题即对服务质量屋在屋体相关矩阵、扩展经济性维度、扩展三维协同维度三个方面进行改进。

(2) 理论创新。针对理论分析中提出的三个改进方向,构建了两个改进模型,一是基于结构方程系数改进的服务经济质量屋;二是基于协同特征的三维协同质量屋。具体来说开展了三个方面的研究工作:一是对服务质量屋相关矩阵引入结构方程建模,详细探讨了其建模过程和参数估计问题。二是引入经济性维度,构建三维服务质量屋,用质量净收益作为服务改进的参考指标,剖析了质量收益与顾客满意的关系,分解了质量成本,搭建了经济性的运行基础,为提高企业质量改进的整体效益提供了思路。三是基于质量屋的维度转换的本质提出三维协同质量屋,以关键维度为纽带,连接多维间的关系,进行协同效率评价。

(3) 案例应用。对于结合了前两个改进方向的第一个改进模型,即基于结构方程系数改进的服务经济质量屋,本书以南京市五所高校的学生用户为调查对象进行数据收集,构建了移动通信服务业的经济质量屋,提出了该企业改进移动通信服务质量的方向、重点和对策建议,并分析了三维服务质量屋方法的有效性。对于第二个改进模型,即基于协同特征的三维协同质量屋,本书采用了两个案例分别加以实践,分别是企业层面的不同部门之间军民品协同效率的评价,以及宏观行业层面的智能制造业和智慧服务业的协同效率评价。

8.1.2 本书得到的结论

(1) 质量屋方法是服务质量设计与改进的有效方法。本书的研究表明,对制造业普遍适用的质量屋方法同样适用于服务业。质量屋的本质是在质量决策过程中充分考虑顾客声音,这一点与服务业以顾客为导向的理念相吻合。因此质量屋方法用于改进服务质量的研究是恰当的。但将传统的应用于制造业质量分析的质量屋迁移到服务业的质量分析过程中,需要针对服务业的特点对质量屋的结构加以改造。一是传统质量屋相关矩阵主要取决于专家经验打分,与制造业质量分析技术性较高的特点相适应;而服务业则应更多地以顾客感知价值为质量评价的依据,因此服务质量屋屋体相关矩阵的确定应以顾客调查为主要依据。二是传统质量屋应用于制造业过程中,质量经济性可以通过天花板技术属性参数的容差设计加以考虑;而服务业中经济性因素难以在质量屋运行中加以体现,因此有必要将经济性作为独立的维度引入质量屋,以提高质量改进决策的经济有效性。三是质量屋的本质是维度之间的互相转化,与协同问题的实质不谋而合。因此以质量屋的思想为核心,构建协同效率评价模型,是质量屋方法的新的研究领域。

(2) 本书提出了质量屋相关矩阵的改进方案,采用结构方程系数替代原有依据专家经验打分的相关矩阵,提高了相关矩阵的客观性,更有利于科学决策。相关矩阵是质量屋联系顾客维度和服务属性维度的关键矩阵,也是质量屋运行的重要中介。传统质量屋中相关矩阵取决于专家经验,无法克服主观性误差,对反映服务业以顾客为导向的理念重视不足。本书所提出的从顾客中来服务顾客的相关矩阵,通过基于顾客调研信息构建结构方程模型,使决策从理论上更加客观,现实中更加体现顾客声音,更好地适用于服务业,从而更有利于服务质量的提升。

(3) 本书提出了将经济性维度引入服务质量屋,通过对质量收益和质量成本的分析,把质量净收益作为服务质量改进的决策依据,更有利于体现企业的整体经济效益。质量净收益是衡量质量经济性普遍接受的指标,本书推导了顾客满意与质量收益的正向关系,从而提高了质量收益的可获得性;同时分解了质量成本,定义了服务业中的质量成本组成并考虑了服务经验学习的因素,为服务业质量成本的估计提供了分析框架。从而将质量经济性有效地引入服务质量屋中,优化了服务质量改进决策,对于提高企业的整体经济利益有重要意义。本书提出的三维协同质量屋在评价微观主体的不同部门产品之间的协同和宏观产业层面不同产业领域的协同中具有良好的适用效果,为企业和产业有效地开展技术协同和研发合作提供了有利的支持工具。

（4）案例研究表明，本书给出的改进的三维服务质量屋方法是有效的。它不仅提高了相关系数确定的客观性和顾客导向性，而且由于充分考虑了经济性因素而使得质量改进项目的选择更加符合企业的基本目标。此外，本书对协同效率的评价提出了技术协同的新的评价方法。本书对所研究的案例的调研和后期的回访表明，改进后的方法能够顺利应用于实践，借助统计软件技术，计算操作简便，运行出的改进服务质量的方案，能有效改进案例项目的顾客满意度和业绩指标。

8.2 本书创新点

本书的创新点有以下四个：

第一，用结构方程系数替代质量屋原有相关矩阵。避免了传统质量屋相关矩阵确定过程中对专家经验的依赖，将服务质量屋的改进真正实现从顾客中来服务顾客的现代服务理念。结构方程系数改进质量屋相关矩阵不仅具有理论意义上的优点，同时随着统计软件的优化又具有操作意义上的可行性，因此，这一改进能大幅度提高质量屋方法的运行效率。

第二，将经济性维度引入服务质量屋。传统质量屋运用在服务业中经济性维度难以通过参数设计加以体现，因此往往单纯从顾客角度和服务属性角度探讨服务质量改进项目，所得到的改进项目往往耗资巨大，使得企业的经济效益难以保障，反而违背了企业服务质量改进的本意。将经济性引入服务质量屋，将其作为一个独立的维度体现在决策中，通过质量屋的运行机理增加平面矩阵，大幅度地提高了服务质量屋方法决策的科学性和经济有效性。

第三，提出了移动通信服务顾客需求的提取方法。实践改进的服务质量屋过程中，对于移动通信顾客需求的提取设计了科学的方法。首先建立了移动通信服务概念模型，深入剖析了移动通信服务的机理，从过程质量和结果质量的角度全面考虑了服务的效果。之后结合 SERVQUAL 量表对各问项进行了调整，以保证顾客需求的不重不漏，通过系统而详细的调研，并对调研数据进行了严格的统计检验，以保证客观数据的科学可信。最终顾客需求的确定是主客观分析结合的结果，科学地体现了移动通信服务细分市场的顾客声音。

第四，提出了基于质量屋本质的三维协同质量屋，提供了三维协同质量屋的问题实质和公式推演，对于评价微观和宏观经济部门的技术协同具有重要的指导意义。

8.3 对未来研究的启示

本书以质量屋为研究对象,建立了基于结构方程系数改进的三维服务质量屋并通过多个实际案例对理论进行了应用。在研究中还存在以下几点可以改进的方向:

(1) 质量经济性分析中的质量收益和质量成本的科学确定还存在继续研究的空间,本书推导了质量收益与顾客满意的正向相关关系,进一步研究中,影响质量收益的因素还可继续细化,因素之间的相互影响也可以更深入探讨,质量收益的衡量可以通过其他可测指标来表示。本书对质量成本的分解,未来研究中可以考虑新的解析形式和新的影响因素。因此对于质量经济性引入质量屋,本书的研究仅仅是未来研究的一个起步。未来研究应该向着更加规范化、统一化和可操作化的方向发展,以便于不同企业间的横向比较。

(2) 将质量屋从平面扩展到三维的研究是质量屋方法未来研究的一个新方向。质量屋的本质是通过屋体相关矩阵连接两个维度,从而达到科学决策的目的。本书对质量经济性的考量和三维质量屋协同效率的改进,只是一个对三维质量屋的初步尝试。未来研究可以抓住质量屋的维度转换的逻辑本质,实现协同效率分析、动态竞争分析、双元结构分析等。

附录1　大学生移动通信服务质量和服务属性满意度调查

尊敬的同学：

您好！我们是服务质量研究小组成员，为了研究大学生移动服务质量各维度对服务满意度和忠诚度的影响，我们精心组织了本次调研，非常感谢您抽出宝贵的时间参与我们的调查！

本问卷纯属研究目的，所获信息完全保密，不会用于任何商业目的，请您根据自身实际情况，客观答题。

一、基本信息

1. 您的性别：

   A. 男　　B. 女

2. 您所在的年级：

   A. 大一　　B. 大二　　C. 大三　　D. 大四

   E. 硕士研究生　　F. 博士研究生

3. 您所使用的移动通信业务：

   A. 中国移动　　B. 中国联通　　C. 中国电信

二、服务质量各维度影响因素（请在您认为符合的指标重要程度水平上画"√"）

影响因素	非常不重要	不重要	一般	重要	非常重要
1. 呼叫时网络服务连续通畅，拨通及时无障碍	1	2	3	4	5
2. 接听时语音清晰，流畅，无间断，无串线	1	2	3	4	5
3. 计费准确程度	1	2	3	4	5
4. 计价合理程度	1	2	3	4	5
5. 计费透明，没有出乎意料的业务消费	1	2	3	4	5
6. 服务人员及时让顾客了解各项业务套餐内容	1	2	3	4	5
7. 增值服务（如飞信）为生活带来的便利程度	1	2	3	4	5
8. 营业厅业务办理手续的简洁性	1	2	3	4	5

续 表

影响因素	非常不重要	不重要	一般	重要	非常重要
9. 公司提供的营业时间	1	2	3	4	5
10. 公司提供的营业点地点是否方便	1	2	3	4	5
11. 办理业务时排队时间的长短	1	2	3	4	5
12. 缴费方式和话费查询的方便程度	1	2	3	4	5
13. 员工穿着、形象	1	2	3	4	5
14. 营业厅员工态度	1	2	3	4	5
15. 服务人员服务效率	1	2	3	4	5
16. 营业厅环境、体验性	1	2	3	4	5
17. 公司能理解顾客需求的程度	1	2	3	4	5
18. 顾客投诉解决时间的长短	1	2	3	4	5
19. 会在承诺的时间内提供适当服务	1	2	3	4	5
20. 客户服务热线的接通率和服务态度	1	2	3	4	5

三、服务属性重要度和满意度调查

以下是移动通信服务属性的问项,请根据您的消费经历,在您认为合理的重要度水平上画"√",并对您所接受的该项目的服务满意度进行评价,1 代表非常不满意,5 代表非常满意。

指标	非常不重要	不重要	一般	重要	非常重要	满意度
1. 响应通话时间	1	2	3	4	5	
2. 业务变更时限	1	2	3	4	5	
3. 通信障碍复修时限	1	2	3	4	5	
4. 人工短消息应答时限	1	2	3	4	5	
5. 电话号码冻结时限	1	2	3	4	5	
6. 接通率	1	2	3	4	5	
7. 可接入率	1	2	3	4	5	
8. 拨号后延时	1	2	3	4	5	
9. 通话中断率	1	2	3	4	5	
10. 计费差错率	1	2	3	4	5	
11. 无线通道拥塞率	1	2	3	4	5	
12. 点对点消息发送成功率	1	2	3	4	5	
13. 员工态度	1	2	3	4	5	

续 表

指标	非常不重要	不重要	一般	重要	非常重要	满意度
14. 员工专业度	1	2	3	4	5	
15. 业务等待时限	1	2	3	4	5	
16. 现场管理灵活度	1	2	3	4	5	
17. 业务受理平均时限	1	2	3	4	5	
18. 营业厅服务环境	1	2	3	4	5	
19. 营业时间	1	2	3	4	5	
20. 价格措施	1	2	3	4	5	
21. 新业务宣传	1	2	3	4	5	

再次感谢您的参与,祝您学习进步,身体健康!

附录2　服务属性重要度调查

尊敬的_____先生/女士：

您好,我们是服务质量研究小组,正在做《基于经济性的移动通信服务质量屋构建研究》的学术研究,首先感谢您在百忙之中参与此次问卷调查,问卷旨在了解关于移动通信服务属性重要度的相关问题。

本问卷只用于科学研究,没有任何商业用途,我们会严格保密所有的信息。

您的意见将对我们非常重要,真诚希望能够得到您的帮助！

一、基本信息

1. 学历：
 A. 大专及以下　　B. 大专　　C. 本科　　D. 研究生及以上
2. 您所在的部门：
 A. 营业厅前台　　B. 市场部　　C. 人力资源部　　D. 客服部
 E. 其他

二、移动通信服务属性重要度打分

以下是移动通信服务属性的问项,请根据您的理解,在符合实际情况的重要水平上画"√"

指标	非常不重要	不重要	一般	重要	非常重要
1. 响应通话时间	1	2	3	4	5
2. 业务变更时限	1	2	3	4	5
3. 通信障碍复修时限	1	2	3	4	5
4. 人工短消息应答时限	1	2	3	4	5
5. 电话号码冻结时限	1	2	3	4	5
6. 接通率	1	2	3	4	5
7. 可接入率	1	2	3	4	5
8. 拨号后延时	1	2	3	4	5

续 表

指标	非常不重要	不重要	一般	重要	非常重要
9. 通话中断率	1	2	3	4	5
10. 计费差错率	1	2	3	4	5
11. 无线通道拥塞率	1	2	3	4	5
12. 点对点消息发送成功率	1	2	3	4	5
13. 员工态度	1	2	3	4	5
14. 员工专业度	1	2	3	4	5
15. 业务等待时限	1	2	3	4	5
16. 现场管理灵活度	1	2	3	4	5
17. 业务受理平均时限	1	2	3	4	5
18. 营业厅服务环境	1	2	3	4	5
19. 营业时间	1	2	3	4	5
20. 价格措施	1	2	3	4	5
21. 新业务宣传	1	2	3	4	5

再次感谢您的参与,祝您工作顺利,身体健康!

附录3 案例部分数据调研的详细描述

附录3.1 问卷的发放与回收

1. 顾客调研

设计校园移动通信顾客服务质量评价标尺调查表(见附件1),问卷设计涵盖了表6-3的20个服务质量问项。由学生客户按照自己的移动消费经历,对移动通信服务质量各维度下属问项的重要程度进行评价,问卷采用5级LIKERT量表,1代表一点也不重要,5代表非常重要。此外,问卷中还包括一些基本人口统计指标。

根据表6-7(移动通信服务属性指标),设计移动通信服务属性的重要度和顾客满意度调研表(见附件1)。问卷主要内容包括学生用户针对服务属性满足自身需求的情况,对服务属性指标的重要度和满意度进行打分,也采用5级LIKERT量表,1代表非常不满意,5代表非常满意。

基于以上的问卷设计,我们在南京市5所高校进行了拦截调研,针对使用A公司移动通信服务的同学。总共发放问卷1000份,收回问卷955份,剔除问卷中有丢漏或明显错填的问卷,有效问卷533份。

2. 公司内部人员问卷调研

对于公司内部人员的调研的主要目的是获得服务属性重要度的数据。服务属性重要度数据的获取需要对公司的技术人员和管理人员进行调研,调研问卷见附件2。主要对服务属性的重要程度进行打分,采用LIKERT量表的形式,1代表非常不重要,5代表非常重要。

基于以上设计对A公司南京分公司进行了内部人员的调研。

3. 公司技术和管理人员及顾客的座谈

公司技术和管理人员与顾客组成10人小组,对其进行访谈,主要包括对本公司服务属性项目的表现和竞争对手公司服务属性项目的表现的评价,通过座谈的方式,给出综合意见。

基于以上设计组建了顾客和公司人员小组,对其进行座谈。

附录 3.2 调研的数据统计

1. 左墙顾客需求提取——来源于顾客的数据

左墙顾客需求的提取只需要顾客完成附件 1 中的上半部分问卷,调研中根据顾客填写的意愿和时间,允许部分顾客只填写上半部分问卷。考虑到合并调研以节省成本,大部分顾客需要填写附件 1 的完整问卷。而顾客需求的提取基于对附件 1 上半部分的数据,因而其总数大于后文中为获取相关矩阵系数的顾客数据。调研数据的统计性描述如附表 1 所示。

附表 1 调研数据的统计性描述

基本信息	选项	所占比例	人数	合计
学历	本科	67.92%	362	533(其中完整问卷 228 份)
	硕士研究生	29.83%	159	
	博士研究生及其他	2.25%	12	
性别	男	59.66%	318	533
	女	40.34%	215	

2. 相关矩阵的数据获取——基于顾客和公司内部人员的数据

运行相关矩阵,需要对左墙的顾客需求和天花的服务属性分别进行调研,因为这部分指标包含了服务的前台和后台,前台涉及一线服务人员和学生用户,后台涉及管理人员和技术人员。顾客需求的调研在上一节中利用附件 1 的上半部分问卷已经完成,附件 1 的下半部分收集的是顾客对服务属性重要程度的信息,两项调研目标在一次调研中就可以完成,节省了调研成本。附件 2 主要针对公司内部人员调研而设计,主要采集公司内部人员对服务属性重要性的评价信息。相关矩阵获取过程的总体和调研人员结构如附表 2 所示。

附表 2　用于计算相关矩阵系数的调研

调研人群	学生用户	公司一线服务人员	公司管理和技术人员	总计
发放数	400	50	40	490
回收数	335	50	38	423
有效问卷数	228	35	35	298
有效回收率	57.00%	70.00%	87.50%	60.82%

将回收的问卷进行初步的统计,与顾客需求的问卷一起作为结构方程分析的基础数据。

3. 地板——基于公司人员和顾客组成的改进小组数据

地板结构中本企业和竞争对手企业的表现评价的获得基于公司人员和顾客所组成的改进小组的深入座谈、讨论而得出,调研信息统计如附表3所示。

附表 3　问卷调研发放与回收情况

人员	部门经理	一线服务人员	顾客	合计
人数	2	5	3	10
比例	20%	50%	30%	

4. 扩展面——基于公司管理人员的数据

对扩展面中质量成本取决于服务满意度,在附件1的第二部分调研中可以获得;质量成本需要以所推导的质量成本的影响因素为基础进行专家的高阶访谈,访谈人员构成如附表4所示。

附表 4　访谈人员构成

	人数	主要议题
高层管理人员	1	管理质量成本
中层管理人员	2	服务质量成本
总计	3	

参考文献

[1] Al-hawari M. The influence of traditional service quality factors on customer satisfaction: a practical study within the context of Australian banking[J]. The Business Review, Cambridge, 2008, 11(2): 114-119.

[2] Anderson E W, Fornell C, Rust R T. Customer satisfaction, productivity, and profitability: differences between goods and services[J]. Marketing science. 1997, 16(2): 129-145.

[3] Anderson E W, Fornell C, Lehmann D R. Customer satisfaction, market share, and profitability: findings from Sweden [J]. The Journal of Marketing, 1994, 58(3): 53-66.

[4] Anderson E W, Sullivan M W. The antecedents and consequences of customer satisfaction for firms [J]. Marketing science, 1993, 12(2): 125-143.

[5] Babakus E., Boller G W. An empirical assessment of the SERVQUAL scale [J]. Journal of Business research, 1992, 24(3): 253-268.

[6] Bahia K, Nantel J. A reliable and valid measurement scale for the perceived service quality of banks[J]. The International Journal of Bank Marketing, 2000, 18(2): 84-91.

[7] Bearden W O, Teel J E. Selected determinants of consumer satisfaction and complaint reports[J]. Journal of marketing Research, 1983: 21-28.

[8] Bentler, P M, Chou C P, Practical issues in structural modeling. Sociological Methods and Research[J], 1987(16): 78-117.

[9] Boulding W, Ajay, Staelin K, et al. A dynamic process model of service quality: from expectations to behavioral intentions[J]. Journal of Marketing Research, 1993, 2(30): 7-27.

[10] Butz H, Goodstein L. Measuring Customer Value: Gaining the Strategic Advantage[J]. Organizational Dynamics, 1996, 24(3): 63-77.

[11] Carman, James M. Consumer Perceptions of Service Quality: An Assess-

ment of the SERVQUAL Dimensions [J]. Journal of Retailing, 1990(66): 33-55.

[12] Chen Y F, Katz E J. Extending family to school life: College students' use of the mobile phone [J]. Int J Human-Computer Studies, 2009 (67): 179-191.

[13] Churchill G, Suprenant C. An Investigation into the Determinants of Consumer Satisfaction [J], Journal of Marketing, 1982,18(4):36-44

[14] Cronin Jr J J, Brady M K, Hult G T M. Assessing the effects of quality, value, and customer satisfaction on consumer behavioral intentions in service environments [J]. Journal of retailing, 2000, 76(2): 193-218.

[15] Cronin Jr J J, Taylor S A. Measuring service quality: a reexamination and extension[J]. The journal of marketing, 1992,56(3): 55-68.

[16] Desarbo W, Jedidi K, Sinha I. Customer Value Analysis in a Heterogeneous Market[J]. Strategic Management Journal, 2001, 22(9): 845-857.

[17] Fine C H. Quality improvement and learning in productive systems[J]. Management Science, 1986, 32 (10): 1301-1315.

[18] Fornell C, Johnson M D, Anderson E W, et al.. The American customer satisfaction index: Description, finding, and implications[J]. Journal of Marketing, 1996, 60(10):7-18.

[19] Gagliano K B, Hathcote J. Customer expectations and perceptions of service quality in retail apparel specialty stores[J]. Journal of Services Marketing. 1994,8(1): 60-69.

[20] Gerpott T J. Biased choice on a mobile telephony tariff type: Exploring usage boundary perceptions as a cognitive cause in choosing between a use-based or a flat rate plan [J]. Telematics and Informatics, 2009 (26): 167-179.

[21] Grönroos C. Strategic Management and Marketing in Service Sector. Marketing Science Institute, Cambridge, MA. 1982.

[22] Gronroos C A. Service Quality Model and Its Marketing Implications [J]. European Journal of Marketing, 1984(18): 36-44.

[23] Harris L C, Ogbonna E. Hiding customer complaints: studying the motivations and forms of service employees' complaint concealment behaviours[J]. British Journal of Management, 2010,21(2): 262-279.

[24] Headley D E, Miller S J. Measuring service quality and its relationship to

future consumer behavior[J]. Journal of Health Care Marketing, 1992,13 (4): 32-41.

[25] Henard D H, Szymanski D M. Why some new products are more successful than others[J]. Journal of marketing Research. 2001, 38(3): 362-375

[26] Hochstein A, Zarnekow D R, Brenner P W. Managing Service Quality as Perceived by the Customer: The Service Oriented IT SERVQUAL[C]. ITS 15th Biennial Conference. Berlin,Germany, 2004

[27] Iwaarden,Jos van, Ton van der Wiele. Applying SERVQUAL to Websites: An Exploratory Study[J]. International Journal of Quality and Reliability Management,2003,20(8):919-935.

[28] Jeong N, Yoo Y, Heo T. Moderation effect of personal innovativeness on mobile-RFID services: Based on Warshaw's purchase intention model[J]. Technological Forecasting & Social Change, 2009(76):154-164.

[29] Jiang J J,Klein G,Crampton S M. A note on SERVQUAL reliability and validity in information system service quality measurement[J]. Decision Sciences, 2000,31(3): 725-744.

[30] Johnson M D, Nader G, Fornell C. Expectations, perceived performance, and customer satisfaction for a complex service: The case of bank loans [J]. Journal of Economic Psychology, 1996,17(2): 163-182.

[31] Kuo Y F, Yen S N. Towards an understanding of the behavioral intention to use 3G mobile value-added services[J]. Computers in Human Behavior, 2009(25):103-110.

[32] Ladhari R, Ladhari I, Morales M. Bank service quality: comparing Canadian and Tunisian customer perceptions[J]. International Journal of Bank Marketing, 2011,29(3): 224-246.

[33] Lai F, Griffin M, Babin B J. How quality, value, image, and satisfaction create loyalty at a Chinese telecom[J]. Journal of Business Research, 2009, 62(10):980-986.

[34] Lam S S K,Woo K S. Measuring service quality: A test-retest reliability investigation off SERVQUAL[J]. International Journal of Market Research. 1997,39(2): 381-396.

[35] Lee M,Ulgado F M. Consumer evaluations of fast-food services: a cross-national comparison[J]. Journal of Services Marketing. 1997,11(1): 39-52.

[36] Levitt T. Product-Line Approach to Service [J]. Harvard Business Re-

view, 1972(50): 41-52.

[37] Lehtinen J R. Customer Oriented Service System. Service Management Institute, Helsinki. 1983.

[38] Love C E, Guo R, Irw in K H. A ccep table quality level versus zero2defects: some emp irical evidence [J]. Computers and Operations Research, 1995, 22 (4): 403-417.

[39] Mazur G H. QFD for Service Industries: From Voice of Customer to Task Deployment[C]. The Fifth Symposium on Quality Function Deployment. June 1993.

[40] Meng J, Elliott K M. Investigating structural relationships between service quality, switching costs, and customer satisfaction[J]. The Journal of Applied Business and Economics. 2009,9(2): 54-66.

[41] Munnukka J. Customers' purchase intentions as a reflection of price perception[J]. Journal of Product & Brand Management, 2008,17(3):188-196.

[42] Munnukka J. Characteristics of early adopters in mobile communications markets[J]. Marketing Intelligence & Planning, 2007,25(7):719-731.

[43] Mousaki I, Joreskog K G, Mavrodis D. Factor models for ordinal variables with covariance effects on the manifest and latent variables: A Comparison of LISREL and IRT Aproaches. Structural Equation modeling[J]. 2004,11(4):487-513.

[44] Oliver R L. A cognitive model of the antecedents and consequences of satisfaction decisions [J]. Journal of marketing research,1980: 460-469.

[45] Oliver R L. Measurement and Evaluation of Satisfaction Processes in Retail Settings [J]. Journal of Retailing, 1981,57:25-48.

[46] Oliver R I. Cognitive, affective, and attribute bases of customer satisfaction for firm[J]. Marketing Science, 1993,20(4):418-430.

[47] Parasuraman A, Zeithaml V A, Berry L L. A conceptual model of service quality and its implications for future research[J], Journal of Marketing, 1985(49):41-50.

[48] Parasuraman A, Zeithaml V A, Malhotra A. E-S-QUAL a multiple-item scale for assessing electronic service quality [J]. Journal of Service Research, 2005(7): 213-233.

[49] Parasuraman A, Zeithaml V A, Berry L L. SERVQUAL: a multiple item scale for measuring customer perceptions of service quality [J]. Journal of

Retailing, 1988(64):12-40.

[50] Parasuraman A, Berry L L, Zeithaml V A. Refinement and Reassessment of the SERVQUAL Scale[J]. Journal of Retailing, 1991(67):420-450.

[51] Parasuraman A, Zeithaml V A, Berry L L. Moving forward in service quality research: measuring different levels of customer expectations, comparing alternative scales, and examining the performance-behavioral intentions Link. Marketing Science Institute working paper. 1994(9):94-114.

[52] Pitt L F, Watson R T, Kavan C B. Service quality: a measure of information systems effectiveness[J]. MIS quarterly, 1995,19(2): 173-187.

[53] Ranganathan C, SEO D, Babad Y. Switching behavior of mobile users: Do users' relational investments and demographics matter? [J]. European Journal of Information systems, 2006(15): 269-276.

[54] Rust R T, Oliver R L. Service quality: insights and managerial implications from the frontier, In Service Quality: New directions in theory and practice [M]. CA: Sage Publications, 1994:1-19.

[55] Sasser W E, Olsen R P, Wyckoff D D. Management of Service Operation: Test, Cases, and Readings [M], New York, Bacon. 1978:3-13.

[56] Seo D, Ranganathan C, Babad Y. Two-level model of customer retention in theUS mobile telecommunications service market[J]. Telecommunications Policy, 2008(32):182-196.

[57] Schumacker R E, Lomax R G. A beginner's guide to structural equation modeling[M]. Mahwah, NJ: Lawrence Erlbaum Associates,2004:42-68.

[58] Sohn S Y, Lee J K. Competing risk model for mobile phone service[J]. Technological Forecasting & Social Change, 2008(75):1416-1422.

[59] Turkyilmaz A, Ozkan C. Development of a customer satisfaction index model: an application to the Turkish mobile phone sector[J]. Industrial Management & Data Systems, 2007,107(5):672-687.

[60] Thompson B, Cook C,Heath F. The LibQUAL+ gap measurement model: The bad, the ugly, and the good of gap measurement[J]. Performance Measurement and Metrics. 2000,1(3): 165-178.

[61] Teas R K. Expectations, performance evaluation, and consumers' perceptions of quality [J]. Journal of Marketing, 1993(57):18-34.

[62] Tom J Brown, Gilbert A. Churchill Jr, J. Paul Peter. Improving the measurement of service quality[J], Journal of Retailing, 1993(69):127-139.

[63] Valarie A, Zeithaml. Consumer Perceptions of price, quality and value: a means-end model and synthesis of evidence[J]. Journal of Marketing, 1988, 52(3):2-22.

[64] Weingand. Customer service excellence: A concise guide for libraries[M], Chicago, American Library Association, 1997

[65] Woodruff R. Customer Value: the Next Source for Competitive Advantage [J]. Journal of the Academy of Marketing Science, 1997, 25(2): 139-153.

[66] Yoji Akao. Quality Function Deployment: Integrating Customer Requirements into Product Design[M] Cambridge, MA: Productivity Press, 1990

[67] Zaithaml V A, Berry L L, Parasueaman A. The nature and determinants of customer expectation of services, Journal of the Academy of Marketing Science. 1993, 21(1):1-12

[68] Zeithaml V, Parasuraman A, Malhotra A. E-Service quality: definition, dimensions and conceptual model Working paper, Marketing Science Institute, Cambridge, MA. 2000:21-39.

[69] Zeithaml V, Parasuraman A, Malhotra A. Service quality delivery through websites: a critical review of extant knowledge [J]. Journal of Academy of Marketing Science, 2002(30): 362-75.

[70] Zhang X P. Naural networks in quality function deployment[J]. Comput Ind Eng, 1995(31):669-673.

[71] Zhou L. A dimension-specific analysis of performance-only measurement of service quality and satisfaction in China's retail banking[J]. Journal of Services Marketing, 2004, 18(7): 534-546.

[72] 白长虹. 西方的顾客价值研究及其实践启示[J]. 南开管理评论, 2001, 4(2): 51-55.

[73] 卞显红. 质量机能展开(QFD)在饭店质量管理中的扩展应用模式[J]. 桂林旅游高等专科学校学报, 2007(8):559-563.

[74] 蔡中华, 王一帆, 董广巍. 城市社区养老服务质量评价——基于粗糙集方法的数据挖掘[J]. 人口与经济, 2016, 4:1-9.

[75] 崔勇, 孙枫. 基于模糊群决策的质量屋方案选择模型[J]. 中国机械工程. 2007(4):807-811.

[76] 崔丽, 曾凤章, 侯汉婆, 等. 基于学习效应的质量经济型动态最优化模型[J]. 数学的时间与认识, 2009(10):1-8.

[77] 陈江彪, 张卓. 基于顾客满意的产品质量经济性分析[J]. 南京理工大学学

报,2003(7):38-42.
[78] 程龙生.服务质量评价理论与方法[M].北京:中国标准出版社,2011.
[79] 贺可太,朱道云.云制造服务质量评价[J].计算机集成制造系统.2018,24(1):1-18.
[80] 郭永辉.基于改进型QFD方法的订单型企业产能绩效评价研究[J].技术经济与管理研究,2010(1):13-15.
[81] 韩春雨.基于广义质量的质量经济性探讨[J].标准科学,2010(3):18-24.
[82] 胡启国,张鹏.基于群策层次分析法和模糊聚类理论的改进质量功能展开研究[J].计算机集成制造系统,2007(7):1374-1380.
[83] 霍映宝.供电服务质量与客户满意关系的实证研究[J].统计与信息论坛,2008(5):39-43.
[84] 邓超,马晓彬,吴军,等.基于粗糙集理论的质量屋顾客需求分析技术[J].计算机集成制造系统.2007(6):1191-1195.
[85] 邓君,孟欣欣,沈涌,等.公共档案馆用户感知服务质量评价指标体系研究[J].图书情报工作.2018,62(1):6-14
[86] [美]菲利普·科特勒,洪瑞云,等.市场营销管理(亚洲版,梅清豪译)[M],第2版.北京:中国人民大学出版社,2001:38.
[87] 黄培,汪蓉.基于质量净收益的质量经济性评价方法[J].科学学与科学技术管理.2002(3):55-57.
[88] 黄国青,张会云.基于SERVQUAL的信息系统服务质量评价研究[J].科学学与科学技术管理,2007(10):10-15.
[89] 纪峰,梁文玲.我国饭店企业顾客价值实证研究[J].旅游学刊,2007,22(9):23-28.
[90] 荆洪英,张利,闻邦椿.基于提高产品质量的质量屋需求优化[J].中国机械工程.2010(1):94-99.
[91] 金明华,崔良杰,刘晓莉.QFD在提升移动通信业服务质量水平中的应用研究[J].学术交流.2009(12):175-180.
[92] 克里斯廷·格罗鲁斯.服务管理与营销——基于顾客关系的管理策略第2版.韩经纶,等,译.北京:电子工业出版社,2002.
[93] 李亮,郭齐胜,李永,等.基于灰色关联分析的质量功能配置方法研究[J].计算机集成制造系统,2007(12):2469-2486.
[94] 李黎.顾客价值理论研究现状于未来发展趋势——基于CNKI的文献计量分析[J].消费经济,2017,33(6):85-92.
[95] 李永利.基于SERVPERF的我国旅行社服务质量提升途径[J].重庆科技学

院学报(社会科学版),2010(10):85-87.

[96] 李龙,刘敏.QDF 方法与应用研究理论综述[J].上海管理科学,2005(1):62-63.

[97] 李延来,唐加福,蒲云,等.质量功能展开中顾客需求的最终重要度确定方法[J].计算机集成制造系统,2007(4):791-796.

[98] 李欣,黄鲁成,李剑.质量功能展开中关联关系确定的 RBF 方法[J].工业工程与管理,2010(2):59-68.

[99] 李振明.军民品协调发展的经济学分析[J].航天工业管理,2002(10):6-9.

[100] 梁光.编制企业质量利润预算的几点思考[J].中国农业会计,2004(7):34-36.

[101] 蔺雷,吴贵生.服务管理[M].北京:清华大学出版社,2008.

[102] 刘弟.基于递阶质量屋的乳制品物流服务质量控制研究[D],北京交通大学硕士学位论文,2016.

[103] 刘益,赵阳,高长安.笔记本电脑服务质量测量模型及其应用研究[J].管理评论,2010(1):55-61.

[104] 吕锋,郭志伟,贾现召.运用质量功能展开方法的物流服务质量改进[J].工业工程,2009(10):91-94.

[105] 迈克尔·波特.竞争优势论[M].北京:华夏出版社,1997.

[106] 牟健慧,李少波,韩涛,等.TRIZ 理论对 QFD 中问题的改进[J].机械设计,2010(3):84-88.

[107] 马燕华.美国航天工业军民品科研生产的组织管理概况[J].国外导弹与航天,1986,6:16-21.

[108] 穆瑞,张家泰.基于 QFD 的质量屋技术在冰箱设计中的应用[J].机械设计,2007(8):45-48.

[109] 邱华清,耿秀丽.基于 Dematel-ANP 的质量屋中产品功能需求重要度分析,工业工程与管理,2017,6:15-24.

[110] 邵鲁宁,尤建新,杜祥.医疗服务供应链及其改进模式[J].上海质量,2004(11):36-38.

[111] 邵鲁宁,尤建新.基于 QFD 的生产性服务业外包关系决策研究[J].管理评论,2008(9):33-38.

[112] 盛攀峰.电信产业经济学特征分析[J].西安邮电学院学报,2008,3(13):26-29.

[113] 宋乃慧,任朝晖,闻邦椿,等.质量功能展开的模糊信息建模过程[J].东北大学学报(自然科学版),2007(10):1465-1468.

[114] 孙建成,赵嵩正.中国水泥企业顾客价值构成的实证研究[J].山东大学学报(哲学社会科学版),2010,(2):95-102.

[115] 王永贵.服务营销[M].北京:北京师范大学出版社,2007.

[116] 王永贵,韩顺平,等.基于顾客权益的价值导向型顾客关系管理——理论框架与实证分析[J].管理科学学报,2005(6):28-36.

[117] 王妙,张金成.国外酒店服务质量测评研究综述[J].河南社会科学,2009,9(17):49-53.

[118] 武永红,范秀成.基于顾客价值的企业竞争力整合模型探析[J].中国软科学,2004,(11):86-92.

[119] 吴隽,王兰义,李一军.基于模糊质量功能展开的物流服务供应商选择研究[J].中国软科学,2010(3):145-151.

[120] 吴明隆.结构方程模型——AMOS的操作与应用[M].重庆:重庆大学出版社,2009:8-20.

[121] 熊伟.质量功能展开——从理论到实践[M].北京:科学出版社,2009年.

[122] 颜忠娥.基于顾客满意的质量经济性研究[J].生产力研究,2011(7):12-20.

[123] 杨方燕,高东.基于多目标的旅游产品质量屋建模及应用[J].科研管理,2017,7:142-152.

[124] 杨晓艳.物流内部流程运作评价的质量功能展开方法[J].物流技术,2007,26(12):16-18.

[125] 杨春辉,魏军,姚路.基于质量功能展开和证据理论的复杂装备维修可达性综合评价[J].计算机集成制造系统.2009(11):2172-2177.

[126] 杨睿.基于质量经济性的产品功能组合优化研究[D].南京航空航天大学硕士学位论文,2012年.

[127] 曾方红.质量成本控制的数学模型[J].广西师范学院(自然科学版),1998(3):113-115.

[128] 詹姆斯 A.菲茨西蒙斯,莫娜 J.菲茨西蒙斯.服务管理:运作、战略与信息技术(原书第五版)[M].张金成,范秀成,译.北京:机械工业出版社,2007.

[129] 张龙,鲁耀斌,林家宝.多维多层尺度下移动服务质量测度的实证研究[J].南开管理评论,2009(12):35-44.

[130] 张明立,樊华,于秋红.顾客价值的内涵、特征及类型[J].管理科学,2005,18(2):71-77.

[131] 张永,李旭宏,毛海军.综合模糊品质机能法和模糊TOPSIS的配送中心选址方法[J].公路交通科技,2006(9):135-144.

[132] 张新安,田澎.基于 SERVQUAL 的供电服务质量测量标尺研究[J].管理工程学报,2005(4):1-9.

[133] 周子敬.结构方程模式(SEM)——精通 LISREL[M].台北:全华科技图书股份有限公司,2006:3-18.

[134] 周涛,鲁耀斌.基于 SERVQUAL 的消费者网上重复购物行为研究[J].管理科学,2007(6):61-67.

[135] 周寄中,许治,侯亮.创新系统工程中的研发与服务[M].北京:经济科学出版社,2009.

[136] 左春芳,白宝光.基于质量净收益的质量经济性分析[J].内蒙古工业大学学报(社会科学版),2005(2):52-55.